MALVINO CONTRA A NOVA ORDEM MUNDIAL

Editora Appris Ltda.
1.ª Edição - Copyright© 2021 do autor
Direitos de Edição Reservados à Editora Appris Ltda.

Nenhuma parte desta obra poderá ser utilizada indevidamente, sem estar de acordo com a Lei nº 9.610/98. Se incorreções forem encontradas, serão de exclusiva responsabilidade de seus organizadores. Foi realizado o Depósito Legal na Fundação Biblioteca Nacional, de acordo com as Leis nos 10.994, de 14/12/2004, e 12.192, de 14/01/2010.

Catalogação na Fonte
Elaborado por: Josefina A. S. Guedes
Bibliotecária CRB 9/870

A345m 2021	Albuquerque, Mário Pimentel 　　Malvino contra a nova ordem mundial / Mário Pimentel Albuquerque - 1. ed. - Curitiba : Appris, 2021. 　　　133 p. ; 23 cm. 　　ISBN 978-65-250-0507-2 　　1. Ficção brasileira. I. Título. II. Série. 　　　　　　　　　　　　　　　　　　　CDD – 869.3

Editora e Livraria Appris Ltda.
Av. Manoel Ribas, 2265 – Mercês
Curitiba/PR – CEP: 80810-002
Tel. (41) 3156 - 4731
www.editoraappris.com.br

Printed in Brazil
Impresso no Brasil

Mário Pimentel Albuquerque

MALVINO CONTRA
A NOVA ORDEM MUNDIAL

FICHA TÉCNICA

EDITORIAL
Augusto V. de A. Coelho
Marli Caetano
Sara C. de Andrade Coelho

COMITÊ EDITORIAL
Andréa Barbosa Gouveia (UFPR)
Jacques de Lima Ferreira (UP)
Marilda Aparecida Behrens (PUCPR)
Ana El Achkar (UNIVERSO/RJ)
Conrado Moreira Mendes (PUC-MG)
Eliete Correia dos Santos (UEPB)
Fabiano Santos (UERJ/IESP)
Francinete Fernandes de Sousa (UEPB)
Francisco Carlos Duarte (PUCPR)
Francisco de Assis (Fiam-Faam, SP, Brasil)
Juliana Reichert Assunção Tonelli (UEL)
Maria Aparecida Barbosa (USP)
Maria Helena Zamora (PUC-Rio)
Maria Margarida de Andrade (Umack)
Roque Ismael da Costa Güllich (UFFS)
Toni Reis (UFPR)
Valdomiro de Oliveira (UFPR)
Valério Brusamolin (IFPR)

ASSESSORIA EDITORIAL
Lucas Casarini

REVISÃO
Andrea Bassoto Gatto

PRODUÇÃO EDITORIAL
Juliane Scoton

DIAGRAMAÇÃO
Daniela Baumguertner

CAPA
Sheila Alves

COMUNICAÇÃO
Carlos Eduardo Pereira
Débora Nazário
Karla Pipolo Olegário

LIVRARIAS E EVENTOS
Estevão Misael

GERÊNCIA DE FINANÇAS
Selma Maria Fernandes do Valle

COORDENADORA COMERCIAL
Silvana Vicente

SUMÁRIO

1
O ESCONDERIJO... 7

2
A ENTREVISTA COM O PRIOR (1)................................ 11

3
A ENTREVISTA COM O PRIOR (2) 17

4
A ENTREVISTA COM O PRIOR (3) 27

5
A ENTREVISTA COM O PRIOR (4) 41

6
O MESTRE JUSTINO 47

7
UM JUIZ ARBITRÁRIO..61

8
CONVERSA COM VALENTE..................................... 65

9
A PANDEMIA 71

10
SÓ PODE SER CORONAVÍRUS 75

11
MALVINO DISCURSA NO CLUBE MILITAR.................... 79

12
"... SACUDAM A POEIRA DOS PÉS!" 85

13
A APARÊNCIA E A COISA EM SI 95

14
O FIM DE UM JUIZ MALVADO 99

15
TURISMO EM BRASÍLIA 105

16
UMA ENQUETE POLÍTICA 109

17
A VISITA DE UM GLOBALISTA 113

18
LEILÃO DE NAÇÕES 117

19
A REUNIÃO DOS DONOS DO MUNDO 123

20
INVADIRAM A MINHA CASA! 131

O ESCONDERIJO

Decorrera já um ano da morte de Fausto. Malvino, seu amigo e sucessor, ainda vacilava diante da multiplicidade de tarefas exigida como contrapartida ao legado que ele lhe fizera pouco antes de morrer. A natureza dessas tarefas consistia numa obrigação de fazer, ou seja, na obrigação positiva de combater encarniçadamente o socialismo, e na negativa, de recusar-se ou de impedir, por qualquer meio, confabulação, tratativa ou compromisso com indivíduos, grupos ou partidos socialistas que preconizem a nova ordem mundial. Malvino, por outro lado, não ignorava que o sucesso da execução do legado dependia, em grande parte, do conhecimento de matérias relacionadas à engenharia social, aos ódios políticos e às rivalidades partidárias. É verdade que Malvino não as desconhecia completamente, muito embora seu conhecimento sobre elas fosse viciado por ideias inculcadas por Arpad, insigne guru da esquerda e seu antigo mestre, cujo recente falecimento apressou a defecção do discípulo e sua inopinada conversão ao ideário conservador. Sobre a diferença entre o pensamento socialista e o conservador, expendeu Malvino, certa vez, a um punhado de comunistas exaltados, as seguintes considerações:

— É por isso que eu luto e lutarei até a morte. Os comunistas me chamam agora de inimigo e, com efeito, eu o sou, porque eles conspiram para a ruína da pátria. Serei para eles inimigo tão terrível que não hesitarei em correr todos os riscos, a me submeter a todas as torturas inventadas pela KGB, se esse for o preço a ser pago pela completa destruição do projeto comunista neste país. Muitas coisas aprendi com Fausto. Nenhuma, porém, pesou mais para a minha conversão do que sua definição de cultura socialista, que eu, brevemente, posso resumir assim: em todas as nações tem havido homens perversos e fanáticos, todas têm tido sua época de barbárie e seus acessos de furor. As nações conservadoras e cristãs são aquelas que reconhecem esse defeito e se acusam dele, enquanto as comunistas alardeiam-no e querem propagá-lo como virtude.

A apostasia de Malvino custou-lhe muito caro. O golpe que vibrara com intenção louvável, voltou-se contra ele e quase o matou. O discípulo de Arpad, que antes intimidava e perseguia os opositores do socialismo, é quem, agora, experimenta o rigor persecutório de seus antigos aliados. Refugiado em um convento agostiniano, de onde fazia suas postagens e transmissões diárias, Malvino encontrou ali, entre os religiosos, um asilo perfeito para as suas reflexões e para a sua segurança individual.

Essa comunidade era bem tranquila e próspera. Limitada a trinta religiosos pela vontade inteligente de seu superior, os trinta verdadeiramente sábios e santos, não abrigava nem os elementos de desordem, nem as causas de ruína moral que afligem uma parte considerável das ordens religiosas na América Latina. Entre os agostinianos reinavam sempre a harmonia e a paz. Era impossível, mesmo aos laicos, não viver bem em tal regime.

Os filhos de Santo Agostinho eram letrados como os beneditinos, mas não eram errabundos como os franciscanos. Tratava-se, pois, de não os deixar corromper ou seduzir pela Teologia da Libertação, nem de impeli-los para o centro do debate político, a exemplo do que ocorreu com os jesuítas e dominicanos. Não havia notícias de que aqueles religiosos se ocupassem de política, coisa bem rara num tempo em que a Igreja Católica se redescobre como simpatizante do credo marxista.

Era muito apreciada a vida segregada dos agostinianos. Elogiava-se também a disposição arquitetônica da construção do convento, em que à simplicidade religiosa vinha somar-se a funcionalidade dos prédios modernos. O pavimento reservado à comunidade propriamente dita, era vasto, pouco elevado e cheio de janelas que davam para um átrio enorme, de modo que para os espíritos pensadores e amigos da solidão havia ali uma vista encantadora da colina esverdeada, que, em frente, descia suavemente até a planície, onde pastavam pacificamente as vacas e as cabras do convento.

Havia por isso, da parte do público, certa curiosidade por essa sábia administração. Todos sabiam que o prior era um sábio, cuja reconhecida santidade favorecia a propagação da lenda de que ele recebia, em sua cela, visitas frequentes de São Miguel e da Virgem. Esse homem extraordinário era amado e venerado pela população, que buscava em suas bênçãos e conselhos a paz e o refrigério que os habitantes das cidades grandes, geralmente, vão procurar nas diversões e nas drogas. O número de visitas era grande. Iam ali pessoas muito ilustres, mais de uma vez políticos de elevada posição, deputados e senadores, com seu cortejo de assessores, ministros até, buscando no superior agostiniano as luzes que, noutras paragens, em vão perseguiriam.

Com Malvino não foi diferente. Fausto já o advertira de que o que é verdadeiro no sistema medicinal do corpo, quando se trata de guiar o débil, de ampará-lo nas enfermidades, de conduzi-lo pouco a pouco à higidez física, cessa de o ser quando se trata de direção intelectual e moral. Aqui imperam outros princípios e vigem outros valores, de modo que a compreensão e a aplicação de uns e outros estão condicionadas pela situação particular e concreta, que reclama, para seu deslinde e composição, a interpretação de um regramento superior, inspirado nas noções gerais da metafísica.

Diante de dúvidas tão arraigadas no sobrenatural, ninguém melhor para espancá-las, pensou Malvino, que esse homem santo e sábio, que dirige com autoridade e sabedoria um exército de atletas da virtude e da obediência. Daí a outra razão, além da segurança pessoal, de por quê Malvino buscou refúgio naquela santa abadia e, em particular, na paternidade de Frei Lázaro, prior da comunidade.

Quase um mês havia se passado até a data prevista para a audiência com Frei Lázaro, tal era a grande quantidade de entrevistas agendadas com o superior.

O jovem Lázaro, ao sair da universidade, foi tomado pela ardente paixão pela vida solitária. Refugiado numa caverna nas montanhas de Minas, levou ali uma existência segregada do mundo e quase selvagem, passando as noites em pé para domar o sono e jejuando até o aniquilamento completo das exigências dos sentidos. Essas exageradas austeridades, numa caverna úmida, abalaram sua saúde; contraíra uma espécie de atrofia nos músculos das partes inferiores do corpo, que se agravou com a superveniente impossibilidade de digerir alimentos sólidos. Seu debilitado estômago não aceitava senão certas espécies de alimentos, em pouquíssimas quantidades. Nessas condições, retornou à cidade para o tratamento do mal, que estava a ponto de ceifar-lhe a vida. Se juntarmos a essa enfermidade sua sisudez austera, que lhe fazia amar a solidão, compreender-se-á como, à sua chegada à cidade grande, ele se tornou objeto de escárnio por um clero mundano e por uma sociedade depravada, que passava boa parte do dia à mesa e toda a noite em festas e bebedeiras.

Frei Lázaro tinha quarenta anos quando entrou no convento. De lá para cá tem levado uma vida extremamente frugal, dedicada a orações, jejuns, mortificações e leitura, conquanto encontrasse tempo também para escrever uma obra que pode ser considerada extensa. Era cordial, paciente e jamais murmurava. Tinha os olhos grandes e vivos, nos quais se liam uma inteligência superior e uma curiosidade inocente.

2

A ENTREVISTA COM O PRIOR (1)

Foi a esse sábio, ou melhor, a esse santo, que Malvino foi pedir luzes para suas ideias e aconselhamento para seus projetos. Foi recebido numa sala pequena, mas aconchegante, guarnecida de mobília simples e de uma profusão de telas e estátuas de santos e papas. Malvino parou por algum tempo na soleira da porta, fixou atentamente os olhos num homem trajado de negro, um ancião cujo belo rosto era coroado de cabelos brancos. Esse homem, depois de contemplá-lo fixamente e cumprimentá-lo respeitosamente, disse:

— Fausto falou-me do quanto era grato à tua lealdade e intrepidez. Disse-me também que queria trazer-te aqui para que eu conhecesse um homem de fibra e excepcionalmente bom e paciente, conquanto estivesse um pouco desorientado, em razão de um doutrinamento imperfeito e tendencioso. Sê bem-vindo, Malvino, e diz-me em que posso servir-te.

"Fausto tinha razão!", pensou Malvino. "Era exato o retrato que havia traçado deste homem, que apresenta realmente uma tal ou qual aparência sobre-humana".

Após alguns momentos de estupefação, Malvino respondeu:

— De fato, Fausto sugeriu-me várias vezes a ideia de vir visitá-lo. A minha caturrice, porém, impediu-me de fazê-lo. Confesso que tinha mais de uma vez ouvido que lhe eram atribuídas coisas extraordinárias. Levianamente, julguei sempre essas histórias como outras tantas charlatanarias, inventadas com o fim único de captar a confiança dos ignorantes e dos crédulos. Peço-lhe humildemente perdão pela indiscrição do meu espírito, mas como eu poderia governar, sendo ainda um abnegado marxista, as efusões quixotescas do revolucionário ateu?

— Não se culpe – disse o frade –, todos sabem que aquilo que nos acaricia agradavelmente o pensamento, para o bem ou para o mal, se reproduz depois muito frequentemente em nossos julgamentos do dia a dia. Disso tiram grande proveito os governos despóticos.

— Arpad, o líder socialista, exerceu uma influência nefasta sobre a minha juventude. Aos dezoito aos, e depois de uma infância sem carinho dos meus pais, sentia o coração tão sequioso de afetos que me teria lançado sem hesitar nos braços da primeira pessoa que me distinguisse com um sorriso benévolo. Agitavam-se, então, no íntimo da minha alma, todas as credulidades, todas as fantasias, e acreditava que tudo era virtude. A amizade traiu-me de mil modos diversos: pela fraude, pelo erro e pelo vício. É coisa triste, Frei Lázaro, não ver a verdade em parte alguma e não encontrar no fundo de todas as coisas senão o cálculo vil e a repugnante hipocrisia. Em toda parte onde esperava encontrar uma alegria pura e nobre, ajoelhava pressuroso e implorava pela crença e pela fé em alguma coisa. Não foi difícil para os catequizadores marxistas, à vista do meu lastimável estado de carência afetiva, fazerem progressos ruinosos na minha personalidade e, afinal, devastá-la. De todas as minhas recordações, com efeito, não há uma única que não seja amarga, uma única que não tenha o azedo travo da desilusão. E mais: como é crível que pessoas civilizadas planejem, facilitem e executem crimes em nome do progresso e da evolução social e, ao mesmo tempo, creiam-se justificadas perante a sociedade e a sua consciência? A que força demoníaca eu cedi para não me dar conta de que uma doutrinação maléfica havia alterado meu gosto, minha sensibilidade, meus juízos, a ponto de não poder distinguir o perfume de um buquê de rosas dos miasmas fétidos de uma cloaca imunda?

— Muito pertinente a comparação que acabas de fazer. De fato, a perturbação de nossos juízos está frequentemente associada ao protagonismo que dispensamos à parte inferior em detrimento da superior do composto humano.

— Como assim? Nossa capacidade de discernir e de julgar depende da opção que fazemos entre as nossas faculdades superiores e inferiores?

— Exatamente isso. Rigorosamente falando, nenhum crime afligiria a humanidade se o homem, previamente, não tivesse perdido consistência ontológica. Por outras palavras, sequer conheceríamos o mal moral se não tivéssemos, culposamente, renunciado à nossa espiritualidade para nos tornarmos seres meramente instintivos e concupiscentes. Na origem dos tempos, quando o espírito era a imagem ainda não alterada da divindade e que o corpo se lhe assemelhava, a mais perfeita harmonia reinava entre esses dois elementos, pois o espírito formava o corpo a sua imagem e o governava com facilidade. Mas quando a *queda* alterou na alma a imagem de Deus, Sua semelhança ou Sua divina marca se alterou igualmente no corpo. Desde então, a alma não pôde mais governá-lo, como o fazia antes, obrigada que estava a reconquistar, numa luta incessante, a dominação que antes tinha sobre ele. Nessa luta, os seres sobrenaturais têm uma participação importante: os de luz procuram manter a ordem, a beleza e a harmonia da criação; os outros buscam implantar a confusão, o conflito e a desordem. Tudo o que há de verdade, de bem e de justo no mundo moral tem seu ponto de partida, seu centro e seu fim em Deus, ao passo que tudo que há de falso, caótico e mau provém do maligno e retorna a ele.

— Pelo que eu estou entendendo, eu fui submetido a uma espécie de lavagem cerebral, em ordem a praticar atos que, de outra forma, jamais eu os teria praticado, não é mesmo?

— Tu podes chamar de lavagem cerebral o que eu prefiro denominar de ascese diabólica. Através desta última, o socialismo mantém sob seu controle a grande maioria dos movimentos sociais.

— Impressionante! Quando eu promovia a desordem e a violência, fazia-o com a convicção de que agia livremente, de que era senhor das minhas faculdades mentais e árbitro supremo das minhas decisões pessoais.

— Ledo engano! A ascese diabólica oblitera a inteligência e a vontade, conquanto o faça sem prejuízo da responsabilidade pelas consequências dos atos praticados, porque se o homem se rendeu às forças do mal, Deus, em Sua infinita misericórdia, deixa-o algumas vezes entrever algo dos mistérios do mundo da luz, de sorte que há entre os dois mundos, o da luz e o das trevas, uma região intermediária, que serve de passagem para ir de um ao outro. Se o homem, cego ao clarão da luz, não aproveita a oportunidade que lhe é dada, sua responsabilidade permanece para todos os efeitos.

Malvino olhava fixamente para o frade, esperando ansiosamente por uma palavra que esclarecesse a natureza da mística diabólica que o enfeitiçara. Frei Lázaro percebeu a sua indisfarçável agitação e foi direto ao ponto.

— Na vida ordinária — disse Frei Lázaro —, o homem está encerrado num círculo onde os espíritos, bons ou maus, não podem penetrar senão raramente, e mesmo assim à condição de se sujeitarem, até certo ponto, às leis que o governam. A vida segue seu curso normal dentro do círculo, pois o homem recebeu tudo que é necessário para realizar seus objetivos. Esse círculo, porém, não é totalmente isolado. Além dos caminhos que levam às regiões superiores, há outros que descem para o abismo; mas o trajeto que o homem deve percorrer está sempre diante de seus olhos, e ele sabe como deve se conduzir. Se o destino lhe traz embaraços e sofrimentos, a fé está ao seu lado para consolá-lo e mostrar-lhe uma saída propícia. Mas se ele põe o pé fora desse círculo, seja se elevando acima de si próprio, seja descendo abaixo dele, então já não poderá contar com a proteção que o círculo lhe oferecia e deve, nesses espaços desconhecidos, confiar-se à guarda dos poderes aos quais se abandonou. Dá-se, assim, uma relação extraordinária entre homem e puros espíritos. Essa relação, o homem piedoso não a procura, mas a encontra por acaso, de alguma maneira, nos confins do mundo ordinário, como a consequência e o resultado de seus méritos e constância na virtude, sem tê-la jamais procurado.

A mística divina não conhece, portanto, ascese ou preparação tendo por objeto formal e determinado o relacionamento com o sobrenatural. Muito ao contrário, ela considera uma curiosidade criminosa toda tentativa nesse sentido, ainda que a intenção seja boa ou inocente. Todo seu esforço está dirigido para espiritualizar o homem, libertá-lo gradativamente da multidão das coisas criadas. E os meios de que se serve para atingir esses objetivos são extremamente simples: é a privação, a renúncia, a mortificação, o jejum, a oração e os sacramentos. O resultado que ela busca, e que ela obtém, é uma ascensão contínua da natureza superior em relação à inferior, que míngua; a vitória definitiva da primeira sobre a segunda; uma claridade maior no olhar interior, que faz que a alma, com a ajuda da luz divina, veja coisas imperceptíveis a olhos voltados unicamente para a obscuridade do mundo.

— Coisa diversa acontece — prosseguiu o frade — relativamente à mística e à ascese infernal. Aquele que a ela se entrega não tem por fim se elevar acima das coisas, mas quer viver nelas, com elas e também utilizá-las para dominar, perseguir, punir e, sobretudo, adquirir mais poder e exercê-lo em nome daquele que ele próprio escolheu por chefe, pois pouco lhe importa servir o inferno se, com isso, ele pode se fazer temível na terra.

Apenas Frei Lázaro pronunciou essas últimas palavras, o corpo de Malvino estremeceu, o sangue subiu-lhe a cabeça, tornaram-se túmidas as veias da testa e do pescoço, crisparam-se-lhe os olhos e apertava os punhos trêmulos com tanta força que fez oscilar a poltrona em que estava sentado. Frei Lázaro levantou-se calmamente, pôs a mão na cabeça de Malvino, que relaxou imediatamente após ouvir uma jaculatória de São Miguel.

— Basta por hoje! — disse Frei Lázaro. — Amanhã, depois da confissão e da comunhão, estarás mais disposto para ouvir o que eu tenho a dizer-te. Até lá, descansa e ora.

Malvino retirou-se, quase cambaleando, ainda sob o efeito do transe. Minutos depois dormiu, esgotado e abatido.

O sono, muitas vezes, é um bálsamo, mas se o espírito estiver muito impressionado e os sentidos forem novos nas sensações, em vez de ser um calmante, torna-se um delírio agonizante. Assim aconteceu com Malvino. Sonhou que o demônio lhe vinha pedir contas e, com uma catadura medonha, esforçava-se por sufocá-lo. Estava só, as trevas da noite o circundavam, ninguém o podia ver. Tremia, falava, ninguém o podia ouvir. Entre as sufocadas expressões que murmurava, dizia: "Deus de Fausto salva-me!!". Encheu de ar os pulmões e soltou um berro pavoroso, por entre esgares horrendos: caiu de bruços, tremia-lhe todo o corpo, parecia um possesso nos últimos estremecimentos de uma tentação infernal.

Todos os da casa acordaram ouvindo os roncos ferozes de Malvino. O irmão porteiro, acompanhado de outro frade, dirigiu-se até a cela de onde provinham os descontrolados ruídos. Logo que ali chegaram, encontraram Malvino sentado, com o olhar fixo no vazio. Então, aterrado, gritou:

— Acudam-me! Ele quer matar-me!

— Pobre rapaz! — balbuciou o porteiro. — Não te assustes, estás na casa de Deus. Já não deves temer coisa alguma.

E, suplicantes, os dois frades ajoelharam-se junto ao leito e começaram a rezar. Depois de algum tempo, o possesso ainda conservava o olhar fixo, perdido, com ar alucinado.

O irmão porteiro, que não sabia o que ocorrera à tarde, tentou, à sua maneira, dar ao fato uma explicação coerente.

— Isso se explica. — disse ele — Achou-se numa casa desconhecida e teve um pesadelo. Ele se acalmará em breve. Revistamo-nos de paciência e continuemos a rezar.

— Parece que o moço perdeu o espírito — disse o outro frade. — Acho-me assustado!

— É possível que o seu cérebro, em consequência das comoções que sofreu, se desequilibrasse por algum tempo...

— Mas terá ele enlouquecido?

— Claro que não! Não nos desesperemos. É impossível adivinhar o que há de suceder. Além do que nada indica que o jovem tenha enlouquecido. Sem dúvida, o abalo que experimentou foi violento, causando-lhe perturbação no espírito, contudo dentro de algumas horas é provável que melhore.

— Porém ele já não se move. Estará morto?

— Não! Dorme! O seu pulso bate, respira dum modo regular. Dorme tranquilo, isso é bom. O sono reparar-lhe-á as forças e talvez, ao despertar, nem sequer se lembre do que aconteceu. Enfim, quando ele acordar, será dia. Ora, o dia é a alegria, é a força, é a vida! Revistamos, pois, a armadura da luz!

3

A ENTREVISTA COM O PRIOR (2)

Na manhã seguinte, Malvino acordou mais pálido do que de costume, abismado em pensamentos tristes, exaltada a sua sensibilidade. Em que pese a condição lamentável em que se encontrava, sua constituição massuda e vigorosa reclamou os seus direitos: ao contrário do que se produz quase sempre na maior parte das criaturas humanas, a emoção dava-lhe apetite.

Deveras cansado após as agruras de que padecera numa noite tão repleta de acontecimentos, o bom Malvino morria de fome, caía de inanição. Ao ver as provisões que o irmão cozinheiro lhe apresentava, escancarou os olhos ardentes e começou a salivar. Serviu-se, à vontade, de café, leite, pão, queijo e presunto.

— Estás saciado? — perguntou o irmão cozinheiro.

— Já me acho satisfeito — respondeu Malvino espreguiçando-se.

— Pois bem! Agora, aguardaremos a missa, que será celebrada por Frei Lázaro. Mas antes terás que te confessar com ele.

Outro frade conduziu Malvino até o confessionário, onde já o aguardava Frei Lázaro. Então, diante do sacerdote, o penitente fez uma confissão geral de todos os seus pecados.

— Padre, sou um grande pecador. Minha vida apenas começava e já minha alma estava carregada de impurezas e crimes. Foi no meio de uma sociedade indefesa que vivi uma existência má e pervertida, progredindo na arte do embuste, da má-fé e da corrupção. Conquanto nunca tenha matado ninguém, sei que contribuí, omissiva ou indiretamente, para que inocentes morressem. Inúmeras vezes caluniei, outras tantas afligi com uma perseguição injusta. Reneguei Deus e blasfemei o Seu santo nome; ofendi as chagas de Cristo e ultrajei o ventre glorioso de sua santíssima mãe todas as vezes que participei de campanhas abortistas e defendi a eutanásia. Imaginando monstruosos atentados, com a carne mordida de ressentimentos, investi contra a família e ataquei a inocência das crianças.

— Como tu entraste nessa vida de erros?

— Sofri, ainda adolescente, a influência nefasta de um líder comunista chamado Arpad. Cheguei à casa dele ainda jovem, passando a servi-lo, primeiro como criado, depois como secretário e cúmplice de seus crimes.

— Malvino!

— Sim, senhor. E desde que praticamos o primeiro fui dominado por ele: mandava e eu obedecia; sugeria e eu executava; dizia-me: "Rouba", e eu roubava; "depreda", e eu depredava. Quantas propriedades eu destruí! Quantas igrejas eu saqueei!

Malvino calou-se, faltava-lhe o fôlego. A comoção interior fazia-o tremer levemente e dava-lhe uns acentos de inefável ternura. De mãos postas e contrito, com o olhar fito na abóbada do templo, para onde subiam tênues fumos de incenso, pedia perdão a Deus e aos homens com um sincero arrependimento.

Após a missa, Malvino pôs-se a esperar a entrevista com o monge. Visivelmente agitado, passeava pelo jardim do convento com rosto abatido, passo apressado umas vezes e vagaroso outras, a cabeça inclinada para o chão, ora querendo sair dali, ora ficar, ora falando só, ora dirigindo palavras de súplicas ao céu para que o Deus de Fausto abreviasse aqueles momentos de agonia e de abandono.

Frei Lázaro contemplava-o, com paternal afeto, da janela da sacristia, e, para cortar com doçura a angústia do penitente, saiu-lhe ao encontro, dizendo:

— Estás gozando desta bela vista e da amena aragem da tarde?! Que tal agora um café na minha sala?

— Meu bom padre — respondeu Malvino —, vivo numa atmosfera de angústias: se me volto para o céu, vejo as penas eternas que me aguardam; se olho para a terra, só enxergo o meu passado, inçado de traição, hipocrisia, malvadez e morte.

— Meu filho, não há pecado tão grave que um bom arrependimento não apague. Confia na infinita misericórdia do Altíssimo, mercê da qual poderás sacudir o jugo do pecado e aplainar o caminho que te leva à perfeição. Agora te apressa, temos muito que conversar.

Eram seis horas da tarde. Nos vastos espaços do convento agostiniano não se ouvia um suspiro. Se fosse possível esboçar com seus verdadeiros traços o rosto de Malvino, ver-se-ia nele a expressão combinada de pavor e ansiedade. O frade, percebendo-a, deu logo início à sua exposição. Disse ele então:

— A ignorância e o ressentimento são dois flagelos do gênero humano que sepultam mais vítimas do que as mortíferas epidemias que ceifam de tempos em tempos a sociedade dos homens. Muito imoral, muito morto deve ser um povo, para que a estatística nos forneça os horrores que acontecem quase diariamente neste país e em outros povos do terceiro mundo, em razão da letalidade daqueles dois flagelos. Se à ignorância e ao ressentimento se acrescentarem o ódio e a demagogia, pode-se asseverar que o povo que apresentar esses funestos atributos caminhará a passos largos para sua ruína ou, o que vem dar no mesmo, para a submissão servil a um ditador. Há políticos que arruínam um país por satisfazer ideias vãs ou utopias irrealizáveis. E esses estúpidos não acreditam que cometem um crime; antes, pelo contrário, pensam que a sua estupidez é virtude. O estratagema de Satã, através da mística diabólica, resume-se em conciliar a tibieza de um povo depravado com a malignidade de políticos corruptos.

— O senhor quer dizer que as instituições, assim como os homens, são passíveis de infestação diabólica? – perguntou Malvino, assustado.

— Eu diria até que elas são mais passíveis do que eles. Lembra-te das palavras do Tentador a Jesus, no deserto: "Se me adorares, te darei todo poder, reinos e riqueza, porque tudo isso me pertence". Além do mais, deves ter sempre em mente que nesta época, que nos toca viver, inçada de relativismo e permissividade, não são mais os homens que corrompem as instituições, são as instituições que corrompem os homens. Não vou citar o exemplo clássico de que os presos saem piores das prisões do que quando lá entraram. Digo, sem medo de errar, que os estudantes saem, como seres humanos, piores da universidade; os parlamentares, do parlamento; os ministros, de suas pastas; os políticos, da política; os juízes, dos tribunais.

Tomes como exemplo esses jovens deputados, cujos pais têm a desventura de vê-los eleitos com tão tenra idade. Não sabem sequer dar um nó na gravata, nem mesmo se barbear. No fim da legislatura, porém, todos já são celebridades; o ócio e o dinheiro começam a fazer estragos irreparáveis na silhueta e na personalidade: bochechas adiposas, em que antes brotava um sorriso inocente; ventre proeminente, testemunha eloquente de sucessivos "acordos" gastronômicos. Nosso deputado já é, então, um político consumado, ladino e conhecedor profundo dos princípios e das leis mais gerais que regem as barganhas e as negociatas. Suas palavras são sonoras, seus gestos aristocráticos. Sua ambição infinita vê na prosperidade material o passatempo ideal para esquecer a própria decadência. Desde que prosperou como parlamentar, suas razões são contraditórias e seus valores, relativos. Cada vez que o povo recrimina o parlamento, esse profissional da política reafirma solenemente a solidez da instituição, com base nos valores republicanos e democráticos. Mas se lhe perguntamos quais são esses valores, ele, cinicamente, põe-se a balbuciar palavras desconexas ou termos "espantalhos", como liberdade, democracia e Estado de Direito, que servem para justificar precisamente quem não tem valores. As instituições estão debilitadas pelo relativismo e essa enfermidade moral, instilada e sustentada pela mística diabólica, acrescenta cada vez mais sua debilidade.

— E o que vem a ser, afinal, a mística diabólica? – indagou Malvino, segurando firmemente o seu crucifixo.

— Todos nós sofremos, diuturnamente, a influência da mística diabólica, sem que sequer a percebamos. Aquele que se entrega a ela não tem por fim último se elevar acima das criaturas, seu objetivo supremo não excede o círculo das coisas criadas. Mas o mundo onde elas se acham encerradas é muito estreito para seu orgulho e muito limitado para sua audácia. Ele deseja penetrar nas regiões sobrenaturais, evocar os espíritos, entregar-se a eles e se tornar seu escravo, a fim de dominar a multidão dos homens, em nome daquele que escolheu por chefe, pois pouco lhe importa servir ao inferno se ele pode, com isso, fazer-se servir aqui na Terra. Daí que todo o esforço despendido por quem quer que trilhe essa via leva necessariamente às regiões tenebrosas do abismo.

Há, como se vê, uma oposição manifesta entre a mística divina e a mística infernal. O que agrada a uma, a outra odeia. O que uma encontra por acaso em seu caminho e aceita com reserva e timidez — isto é, o sobrenatural —, a outra vê como seu objetivo principal, o qual persegue com audácia criminosa. A mística diabólica busca tudo o que a mística divina evita, com abuso e descaro em relação às virtualidades e aos elementos da natureza, dos quais a bondade divina nos permite dispor para a manutenção de nossa vida: ela os utiliza muito além de seus limites naturais e lhes pede mais do que eles normalmente podem dar. Ela desenvolve, por meios artificiais, suas virtudes primitivas, de forma a produzirem efeitos extraordinários. Em vez de alimentar, equilibrar e restaurar a vida, esses elementos, decompostos, alterados e combinados agem de maneira funesta sobre os órgãos do corpo humano, subvertendo-o completamente. O organismo, irritado e alterado pela ação desses excitantes naturais, entra em comoção progressiva, o que permite à alma ter acesso a regiões que lhe eram anteriormente vedadas. Ela atinge e vê mais longe, numa palavra, a alma se torna clarividente, e esse é precisamente o fim a que se propõe a mística diabólica.

— Se bem entendo, os órgãos do corpo humano são portas pelas quais as infestações e as obsessões entram para invadir todo o organismo. Se assim for, não seria exato afirmar que ambas são constituídas, ainda que parcialmente, de matéria?

— Observa a ação sedutora e paralisadora da serpente sobre um pássaro. Tu dirias que essa virtude viperina é de natureza material? Claro que não. No entanto ela existe e entrega a presa paralisada à discrição do predador, que a devora. A *virtus* diabólica, na infestação e na obsessão, tem o mesmo princípio e idêntica finalidade que a ação paralisante do réptil relativamente à ave indefesa. São três as formas pelas quais ela atua sobre os nossos órgãos. Esses órgãos podem ser ou os que servem à circulação — que recebem as exalações, os vapores e as fumigações; após estes vem a pele exterior, que recobre todo o corpo — acessível a toda influência exterior, sobretudo quando ela é excitada por fricções ou massagens; enfim, a pele interior — que compreende tudo que se endereça aos sentidos e penetra por eles até o interior dos homens. Salvo a primeira, que não nos interessa no momento, as duas últimas são de grande importância para se projetar luz sobre a ação diabólica no homem e sobre a sociedade.

A segunda categoria dos meios empregados pela mística diabólica corresponde às diversas partes do sistema motor. Ela compreende as diferentes manipulações que se ligam aos braços e às mãos, como as que se verificam nos movimentos cadenciados de certas danças, marchas, saudações e meditações. O sistema médio do organismo é principalmente excitado pelo movimento, pelo qual se pode pôr em relação e encadear, de alguma maneira e por um laço comum, os sistemas motores de vários indivíduos.

Aqui são os braços e as mãos que servem de condutor ao fluido magnético, que dá lugar à sujeição diabólica, como na saudação nazista, no punho fechado dos comunistas e no aperto de mão de algumas seitas secretas. Mas, outras vezes, como na dança, são as pernas e os pés que indicam a sujeição mais completa do homem à vida inferior dominada pela mística satânica. Sabe-se que a dança e os movimentos ritmados em geral não fazem senão manifestar exteriormente as emoções ocultas no mais íntimo refolho da alma. Durante os fenômenos coletivos é liberada uma corrente magnética que enlaça os indivíduos num turbilhão incontrolável e sem rumo, tal qual um cardume extraviado que foge do dente do tubarão. Ela excita, ela fustiga, ela suscita, como numa tempestade psíquica, sucessivas ondas de paixões desordenadas, que exaltam os membros da multidão em razão do estado febril provocado pelos movimentos cadenciados.

— É por isso que os regimes totalitários têm tanto apreço por marchas, desfiles, passeatas, gestos espalhafatosos e exercícios coletivos?

— Exatamente. Nessas ocasiões, o homem perde a sua individualidade e abre mão da responsabilidade, que caracteriza o ser racional, transferindo-a para o ente coletivo, o qual, por sua vez, curva-se aos caprichos da mística diabólica. Vou te mostrar como isso opera, com o exemplo de um caso ocorrido em Liège, em 1374, quando toda a população dessa cidade foi infestada. Consagrava-se, então, a Igreja dos Santos Apóstolos, quando chegou da Alemanha uma multidão de obsessos pertencentes a uma seita satânica. Homens e mulheres em transe diabólico, seminus e com coroas nas cabeças, abriam a marcha, dançando descaradamente diante de uma população estarrecida, que não acreditava ver o que via nem ouvir as blasfêmias que aquela gente proferia contra Cristo e a sua Igreja. Os sectários pulavam muito alto, com movimentos ritmados e contínuos. Em apenas um mês, o número de possessos dobrou com a chegada de sucessivos contingentes da Alemanha, que, como os anteriores, não paravam de pular. Em Liège, assim como nas regiões periféricas, a "febre" dos pulos se alastrou e contagiou a população, antes sã e religiosa. Não é surpreendente que o efeito magnético produzido nessas situações seja tido em tão alta conta pela mística diabólica, que vê nele um dos meios mágicos mais poderosos e mais eficazes.

Outro tanto ocorre com a terceira forma de infestação, que se endereça aos sentidos, e por eles até o interior do homem. Não há um sentido sequer que possa furtar-se à ação da magia. Há muito tempo que se conhece o efeito mágico dos odores; o letargo visual é produzido pela luz, cores e imagens combinadas com arte, em tudo semelhante à embriaguez produzida pelo vinho no sistema nervoso. Mas de todos esses meios, o mais poderoso é o sopro, e no sopro, o som e a palavra, assim como todos os sons exteriores que atravessam o ar.

Não é mais segredo para ninguém que o cinema, a televisão e o fotojornalismo conseguem manipular a imagem de modo a obter os mais variados efeitos. As novas tecnologias põem à disposição da população um sem-número de produtos visuais com conteúdo político e/ou socioeconômico, aparentemente inocente, mas que tem uma carga ideológica apreciável, em ordem a desconstruir valores e suscitar conflitos sociais. É evidente que a mística diabólica serve-se constantemente desse truque tecnológico com a cumplicidade de atores, jornalistas, artistas, atletas e celebridades, todos empenhados em divulgar signos, símbolos, gestos e trajes em consonância com os ditames da engenharia social. É a estetização utilizada como instrumento de manipulação.

O som e a palavra servem igualmente ao mesmo projeto manipulador da ascese diabólica. Todo animal sobre a terra tem sua voz particular, cujas modificações exprimem as diversas impressões que ele experimenta. Cada afecção que fere o peito do homem tem também o seu tom próprio, que pode ser compartilhado. Da mesma forma que cada pensamento, depois de ser exprimido em vogais e consoantes que lhe correspondem, reproduz-se no ouvido de quem o escuta, assim também cada afecção, desde a mais profunda até a mais elevada, depois de manifestar-se exteriormente, deposita, de algum modo, na alma do auditor, o corpo exterior do qual ela se reveste, despertando, aí, a mesma afecção que lhe deu origem. A música, por sua vez, opera do mesmo jeito e persegue fins idênticos, visto não ser ela apenas um excitante, constituindo-se, também, em um laço vinculante dos espíritos, pois cada melodia encerra em si possibilidades harmônicas variadíssimas, das quais uma arte habilidosa pode tirar proveito quando se trata de impor crenças e generalizar opiniões. O que é verdade quanto aos sons cadenciados e ritmados pode-se aplicar também à palavra articulada. Por ela, o sopro vivo do homem rebenta no peito e se dirige impetuosamente a outro que lhe sofre o impacto, não sem sentir alguma modificação física ou psicológica; por ela, realiza-se uma espécie de transfusão dos pensamentos de um espírito a outro, a demonstrar que no dia a dia, o bem e o mal se comunicam dessa maneira, sendo certo que uma palavra adequada, pronunciada com a sua exata significação, produz efeitos extasiantes e prodigiosos. Não é surpreendente, portanto, que a mística infernal recorra a certas fórmulas ou a certas evocações para influir sobre as naturezas predispostas à obsessão. Todos esses meios são empregados ordinariamente, e desde que foi comprovada sua eficácia, o Inimigo, através de seus esbirros, tem procurado a maneira de reunir a todos, a fim de produzir um efeito completo e verdadeiramente grandioso.

— Não alcanço a entender como uma população inteira possa ser sugestionada a ponto de se fazer instrumento da mística diabólica e perseguir os desígnios de Satã.

— Essa tua assertiva postula duas ordens de questões que, por sua vez, exigem duas linhas de investigação autônomas e complementares. Por isso, desejaria enfrentá-las amanhã, face ao adiantado da hora. Contudo é importante que tu retenhas, desde já, que o objetivo último da mística satânica, sua finalidade primordial e impostergável, à qual todo outro fim ou objetivo deve curvar-se, é destruir a obra de Cristo, ou seja, a civilização cristã, esse acervo cultural e moral que, gerações após gerações, vincula os indivíduos ao longo de mais de dois mil anos. Aspira-se, com essa destruição, modelar um mundo novo, um homem novo, desligados ambos desse tesouro cultural que os precede e transmitiram seus antepassados, para instaurar aquele, com seu relativismo moral; este, com sua indiferença frívola e estéril. E para isso precisa fazer das personalidades nutridas desse acervo moral uma massa ignara e genuflexa, órfã dos ensinamentos que lhe transmitiram seus ancestrais. A esse processo que destroça as comunidades humanas, reduzindo-as a um agregado amorfo e moralmente maleável, chamamos de engenharia social. Seus métodos e seu objeto, para o que nos interessa, serão examinados amanhã.

Indo Malvino deitar-se, fez muitas reflexões acerca do que tinha ouvido, especialmente o tópico alusivo à engenharia social. Atinar em quem fosse o inventor de tão iníqua malvadeza era difícil. Cruzaram pela sua imaginação diversas ideias, mas nenhuma criava profundas raízes. Haveria de esperar pelo dia seguinte, quando a sua curiosidade seria saciada pelas palavras de Frei Lázaro.

4

A ENTREVISTA COM O PRIOR (3)

Tendo chegado a manhã, a primeira coisa de que Malvino se ocupou foi da comunicação com seus inscritos. Havia quase dois meses que se afastara deles em razão de ameaças e perseguições de seus inimigos, ex-próceres partidários. Com esse objeto traçou um plano, que devia unir a singeleza ao entusiasmo, e a sensibilidade ao engenho: improvisou um canal no *YouTube*, na sua cela, para a postagem de vídeos diários. Nesse dia, disse ele aos seus seguidores:

— Há certas coisas chamadas, pela ignorância humana, de casualidade ou progresso, que operam revoluções no mundo, perturbam a paz do coração e matam no nosso espírito as ilusões mais caras ou mais sublimes. Refiro-me aos efeitos que a engenharia social produz sobre uma sociedade inerme e desorganizada. Sobre a engenharia social não posso dizer nada agora. Adianto, porém, que ela interessa apenas a uma pequena minoria plutocrata e arquimilionária, ficando sempre pobre, o pobre; ignorante, o ignorante; incrédulo ou ateu, o infeliz sepultado na escuridão. Essa minoria domina os políticos do mundo pelo suborno e os povos pelo vício. Rigorosamente falando, têm nas mãos os fios que movem a vida dos povos e o destino das nações. Somente isso posso adiantar-lhes. Tudo que eu descobrir sobre a natureza e o funcionamento da engenharia social transmito-lhes imediatamente.

Em seguida, terminado o vídeo. Malvino dirigiu-se para o jardim. O resto da manhã e parte da tarde foram empregados em reprimir a ansiedade que crescia à medida que o tempo passava. O sol já declinava quando Malvino deitou-se, depois de passar algumas horas entre a vegetação suntuosa do convento. Estava ainda um pouco agitado; precisava relaxar, e nem os poderosos encantos do crepúsculo, nem os atrativos do lanche preparado pelo irmão cozinheiro tinham conseguido distraí-lo.

Afinal, Malvino foi convocado para a entrevista ansiosamente esperada com Frei Lázaro. Na sala do religioso reinava um inefável silêncio, rompido de vez em quando pelo piado de uma chusma de passarinhos a bisbilhotar as janelas. Cumprimentaram-se cordialmente, cabendo a Frei Lázaro inaugurar a conversação. Disse ele:

— Chegou ao meu conhecimento que estás aqui por razões de segurança. Desconheço, porém, o motivo concreto por que buscas asilo entre nós. Podes revelá-lo a mim, agora que estás mais tranquilo e senhor de si?

— Certamente, padre. – respondeu Malvino, que prosseguiu dizendo: – Tudo começou num sábado à noite, por ocasião de minha admissão numa seita que tem por fim a destruição da fé cristã e a instauração de uma nova ordem mundial. Arpad, meu mestre então e também adepto dessa seita maligna, empenhava-se por ver-me iniciando nela, a ponto de obter para mim uma recepção mais pronta e favorável. Na data aprazada cheguei ao local, confesso, um pouco nervoso e amedrontado. Era um magnífico recinto. Desci com os sectários as escuras escadas do subsolo daquele imenso palácio. A entrada era um arco de pedra baixo que se prolongava em ogivas até chegar a uma espécie de sótão. À direita e à esquerda viam-se, à luz vacilante dos candelabros, estátuas de deuses, heróis, monstros e antepassados de famílias ilustres. Todos os iniciados seguiam o Grão-Mestre. O ruído que faziam assemelhava-se ao roçamento dos hábitos monacais dos monges, por ocasião da celebração das vésperas. Penetrando no vasto salão, cujas claraboias recebiam a luz, durante o dia, do pátio interior do edifício, o Grão-Mestre parou e os iniciados desfilaram por ambos os lados, formando um círculo. A luz que iluminava o recinto era fraca e embaçada, de uma cor avermelhada, muito particular e sinistra. Os assentos eram pretos, a mesa estava coberta com um pano negro, em que se viam figuras geométricas, alfanges, estrelas, caveiras e outros muitos signos horrendos. No centro, os membros graduados colocaram um ataúde sobre duas trípodes e estenderam sobre ele um manto purpúreo, salpicado de negro. Subitamente, ouviu-se uma voz sonora, que exclamou: "Luz! Luz! Luz!". O Grão-Mestre respondeu, indicando com o dedo o Oriente: "Por ali levantar-se-á o sol da liberdade. De lá virá o Salvador que emancipará os povos do odioso jugo espiritual, o qual padecem há mais de dois mil anos. Dias virão em que nenhum homem será superior ao outro, pois todos obedecerão às ordens de um só chefe, a quem confiarão a guarda de suas vidas e da propriedade coletiva. Não haverá mais moeda e o direito será proscrito. O pensamento se tornará imprestável e nossas preocupações vazias, a se considerar que já não seremos nós que haveremos de pensar ou decidir sobre nossas vidas, patrimônio ou realizações. Sobre tudo isso disporá livremente o nosso *Grande Líder*, que já está, provavelmente, entre nós!". De repente, todos se colocaram de pé. O Grão-Mestre pronunciou algumas palavras misteriosas, às quais responderam os iniciados, levantando os braços e brandindo punhais. Dividiram-se em círculos e todos depositaram alguns papéis sobre a mesa, com os respectivos nomes e solenes juramentos, que foram lidos pelos *irmãos temíveis*. Depois, o Grão-Mestre deu três pancadas na mesa e todos empunharam os punhais, começando pelo chefe, para golpear, um após outro, um boneco que simbolizava a autoridade constituída.

— Já sei! Faltaste com algum desses juramentos. As seitas geralmente não toleram transgressões e insurgências – observou o sacerdote.

— Não foi bem assim. O relato da iniciação poderá fixar o ponto para onde convergem todas as dúvidas. Chegamos ao fundo do salão, já descrito, em cujas portas laterais ardiam triângulos de esquisita luz. Na parede ao fundo viam-se uma porta negra e um triângulo branco, em cujo centro havia um olho. O *irmão temível*, que era o introdutor, fitou os seis candidatos, ergueu os braços, deu três pancadas na porta, que ecoaram nas abóbadas, e bradou: "Luz!... Vida!... Verdade!...". As duas batentes da porta preta abriram-se como por encanto. O salão que apareceu à vista dos neófitos estava todo tapizado de preto. Ao fundo, deparava-se um triângulo de ouro e, no centro, o olho da sabedoria. Aos pés, uma mesa presidida pelo Grão-Mestre, trajando as insígnias. Mais de cem homens, de pé, vestidos de preto, rodeavam a mesa, sem dizer palavra e impassíveis a quaisquer estímulos externos. Iluminavam aquele solene consistório uns candelabros de metal dourado, em cujas velas ardiam chamas diabólicas em louvor a Bafomé. Nós fomos colocados juntos da mesa, já agora ocupada por insignes autoridades. O Grão-Mestre perguntou, com voz sonora: "Que pedis?". "Vida!... Luz!... Verdade!...", respondeu, acompanhado dos seis, o *irmão temível*. Depois, o presidente da solenidade abriu um livro preto. Leram-se alguns artigos, dos quais o último dizia: "Jurais sobre as tremendas páginas deste livro sagrado cumprir quanto vos for ordenado? Jurais?". Juramos", disseram os iniciados. O Grão--Mestre mandou-lhes pôr a mão esquerda sobre o livro, levantar a direita e pronunciar clara e distintamente este juramento:

> "Juro sobre o Livro Santo executar tudo o que me for ordenado pelo **Iluminado** da Sabedoria, sem indagar a razão; juro servir a Bafomé, representado pelos dignitários da congregação, os outros por ordem destes; juro não dar a conhecer a outrem o objeto, os signos, a finalidade e os rituais congregacionais; juro, por fim, não abandonar a congregação, a não ser por motivo de ordem superior e indeclinável ou por força maior, a ser aferida segundo critério discricionário da congregação".

"Juro", responderam os iniciados. Imediatamente após o juramento, o Grão-Mestre ficou de pé e todos os iniciados começaram a desfilar, formando um círculo inçado de facas ao redor de uma forca que estava no meio do salão, da qual pendia um manequim de um estadista representativo de todos os governos democráticos do mundo. Os seis novos adeptos foram colocados ao pé do patíbulo, e bradou o poderoso *irmão temível*: "Pegai nas algemas desse miserável e fazei que dê três voltas, esfaqueando-o sucessivamente, como deveis fazer a todos os conservadores da Terra!". Os iniciados hesitaram, mas a voz terrível do Grão-Mestre disse: "Acabais de prestar juramento...". Eu tremia. O manequim, despedaçado, rodou velozmente, oscilando na corda da forca. Por muitas outras provas passaram os iniciados, mas só mencionarei a última: entramos numa sala onde estava sentado, numa cadeira papal, um sacerdote de cera, que iludia perfeitamente a vista. "Feri-o no pescoço!", bradou o *temível*. Os braços dos seis tremiam convulsivamente, mas enterraram seus ferros na venerável cabeça, que, separada do tronco, tombou sob o gáudio generalizado daquela gente malvada.

— Quanta brutalidade! Que vantagens tiram as sociedades secretas desses horrores teatrais? Abram-se as crônicas dos povos e ver-se-á que, depois das execuções de governantes legítimos, seguiram-se as bárbaras e tirânicas carnificinas dos tribunos e demagogos. Suprime-se uma elite política, viciada quem sabe, para entronizar em seu lugar homens, tão podres como os velhos, tão ambiciosos, talvez menos generosos, tão ignorantes e quiçá mais bárbaros. Mas me conte como te safaste da vingança dessa seita.

— Consciente de que um pleito de dispensa, se intentado pessoalmente, não seria jamais acolhido, resolvi apelar para o poder das lágrimas da minha mãe, convencido de que o Grão--Mestre as acolheria, tal como, certamente, ele o faria à vista do pranto da dele. "Não há coração tão duro que não se enterneça com o desespero de uma mãe", pensei. "Eu irei", disse minha mãe. "Botar-me-ei aos pés desse senhor que manda e podes crer que eu o abrandarei". E assim ela fez. "Minha senhora, não se atribule", disse-lhe o Grão-Mestre. "Tudo isso é nada: os sócios são voluntários, a reunião é de artistas, de *dilletanti*; um teatro particular. Agora tenha a bondade de ver como risco o retrato e o nome de seu filho do livro de registros". Em seguida, riscou o nome e pôs uma cruz na margem direita. Minha mãe exultava de felicidade. A pobre viúva não achava palavras para manifestar o seu agradecimento.

Duas semanas depois desse acontecimento, eu e um amigo, iniciado que também desertara da seita, acabávamos de sair do escritório de onde eu fazia as minhas transmissões. A noite estava escura, a rua deserta. Nós dois optamos pelas ruas menos movimentadas para encurtar caminho. Ainda faltavam uns duzentos metros para chegar ao estacionamento, quando enxergamos, debaixo de uma marquise, dois vultos. Nesse momento chuviscava um pouco, de sorte que o chuvisco favorecia a ofuscação dos indivíduos. Subitamente, eles lançaram-se sobre nós, cobertos com máscaras, e disseram: "Trânsfugas devem morrer!". Vimos brilhar dois punhais. Eu, por ser mais forte, aparei o golpe e pus em fuga o meu agressor. Infelizmente, enquanto eu me defendia, o punhal do outro entrou e saiu repetidas vezes no peito e no abdômen do meu amigo, que morreu ali mesmo.

Malvino calou-se, baixou a cabeça e olhou fixamente o chão. Pouco depois, Frei Lázaro rompeu o silêncio e disse:

— Não te surpreendas se eu disser que essa seita é a maior aliada da elite globalista. Ambas são responsáveis pelos crimes da engenharia social. A primeira porque não a combate, a segunda porque a financia.

— Se é certo, como se diz, que cumpre entender o inimigo para vencê-lo, diga-me, padre, em que consiste a engenharia social e que princípio a fundamenta?

— A resposta à tua pergunta exige, preliminarmente, que retrocedamos no tempo e, em plena Idade Média do século VII, visitemos a região norte da Itália, abaixo de Mântova, sobre uma grande rota que conduzia a Roma pelos Apeninos. Ali estava concentrado o grande exército de Átila, chamado de o *Flagelo de Deus*. Sabia-se, então, que a ferocidade das armas dos guerreiros húngaros era devastadora e aterradora a derrota de quem concebesse a infeliz ideia de pôr limites às patas de seus terríveis cavalos. A população de Roma gemia. Essa cidade orgulhosa, que outrora recusava qualquer negociação com o inimigo que ousasse chegar às suas portas, agora, humilhada, clamava por paz. O imperador, o senado e o povo concordavam que a humilde rendição era o único partido a tomar: súplicas, presentes, oferta de um tributo, resolveu-se em tudo ceder, antes que suportar um sítio cruento da horda mais cruel de quantas registra a história. Verona, Mântova, Brescia, Bérgamo e Cremona já haviam sido devastadas. Roma seria o próximo alvo, e com ela toda a nascente civilização cristã, não fosse a intercorrência de uma circunstância de ordem sobrenatural que impediu, ao mesmo tempo, a destruição daquela, e a paralisação desta. Átila já dá início ao seu impiedoso saque, quando em Roma pôs-se em marcha uma embaixada em ordem a persuadir o rei húngaro de que era mais vantajoso para ele avassalar a cidade que destruí-la. A fim de cobrir, tanto quanto possível, a ignomínia da negociação com a eminência do negociador, escolheu-se para chefe da embaixada o próprio sucessor de Pedro, o papa Leão Magno, que então ocupava a sede apostólica com grande desenvoltura e autoridade de caráter que se impunham até mesmo aos pagãos. Os intelectuais da época o proclamaram o Cícero da cátedra católica, o Homero da teologia e o Aristóteles da fé; os laicos apreciavam nele a perfeita concordância das qualidades intelectuais, a saber: uma inteligência firme, simples e sempre correta, com uma rara percepção das coisas, unida ao dom de persuadir. Essas qualidades tinham feito de Leão um negociador útil nos negócios do século e, ao mesmo tempo, um pastor eminente na condução da Igreja. Pinta-o a história como um ancião de elevada estatura e de fisionomia nobre, cuja vasta cabeleira branca tornava-o ainda mais venerável. Era com ele que o imperador e o Senado contavam, principalmente, para deter o terrível Átila. O embaixador e sua comitiva viajaram durante dias, apressadamente, a fim de impedir que o exército do rei Huno atravessasse o Pó. Era uma cartada decisiva para Roma e sua religião a que jogavam dois de seus filhos mais ilustres: Avieno, representante das velhas raças latinas que tinham conquistado o mundo pela espada; e Leão, o chefe das raças novas que o conquistaram pela religião. Ambos vinham pôr aos pés de um rei bárbaro o resgate imenso de uma civilização nascente, que bem valia o preço alto pelo qual se a resgatava. Átila pressentia a gravidade daquela ocasião solene, e como não se sentisse nunca à vontade senão montado, deliberou que se realizasse a conversação sobre os dorsos dos cavalos. Baixo, atarracado e de aspecto desagradável, esse húngaro orgulhoso tinha a ideia fixa de ter aos seus pés uma Roma suplicante, esperando de sua boca um decreto de vida ou de morte, como também o sucessor de Pedro, gemendo diante daquele que a Igreja tinha tratado, tão longo tempo, como um bárbaro miserável. Essa ideia o enchia de uma alegria que ele não podia ocultar.

Para essa entrevista solene, os negociadores ostentavam insígnias das mais elevadas dignidades. Leão, por exemplo, estava revestido do hábito pontifical, que consistia numa mitra de seda bordada a ouro, circundada de motivos orientais, uma casula marrom, com um pálio ornado de uma pequena cruz ver-melha do lado direito do peito, e outra maior do lado esquerdo. Logo que surgiu no local do encontro, o papa se tornou alvo de estupefação generalizada. Diz-se que Átila ficou extasiado com a magnificência papal, o que favoreceu o acolhimento das razões de Leão. Foi ele que expôs as proposições do imperador, do Senado e do povo romano. Por qual inspiração maravilhosa soube o papa conter nos limites do respeito o bárbaro, inflado de orgulho? Que força misteriosa envolveu suas palavras, a ponto de manter sempre na defensiva o seu intrépido opositor? A história, que nos vela tão frequentemente os seus segredos, quis roubar-nos também esse. De qualquer forma, o papa disse alguma coisa, provavelmente, de ordem sobrenatural, que intimidou e enfureceu o rei bárbaro; quiçá o tenha ameaçado com a mesma maldição que caiu sobre Alarico. O certo é que Átila abandonou imediatamente a Itália, não sem antes prometer vingança e um retorno avassalador. Esse retorno, porém, não aconteceu, ao menos da maneira como Átila prometera, simplesmente porque o rei húngaro foi assassinado pela mulher durante a noite de núpcias. Se Átila desapareceu do cenário do mundo, sua promessa e seu desejo de destruir a civilização cristã se postergaram até os nossos dias, quando outro húngaro, reencarnando o *Flagelo de Deus*, intenta dar-lhes o mais fiel e detalhado cumprimento. Esse húngaro, tão ou mais bárbaro que seu antecessor, não maneja lança nem espada, nem tampouco é bom ginete, mas utiliza a mais poderosa arma, também dizimadora das almas, pertencente a uma minoria plutocrata, que a emprega todas as vezes que se faz necessária a afirmação inescrupulosa de sua soberania: o dinheiro, que corrompe, suborna e prostitui.

— Quer dizer que esse húngaro criou a engenharia social? – perguntou Malvino.

— Não exatamente. A engenharia social, *lato sensu*, sempre existiu: ou na força aplicada sobre o corpo, como torturas, castigos e ameaças, ou por meio de formas mais sibilinas, como a que empregaram Cícero e Suetônio, relativamente a Catilina, pelo assassínio de sua reputação, que jamais foi reabilitada. A engenharia social é, em suma, uma construção teórica preordenada pela mística diabólica para destruir o Cristianismo. O Ocidente está enfermo de relativismo e essa enfermidade, instilada e sustentada pelo pensamento dominante, acrescenta cada vez mais sua debilidade. Longe de mostrar uma defesa inquebrantável de seus valores cristãos, o Ocidente, em vez disso, proclama que não existem princípios de validez universal, mas apenas valores particulares, que se confrontam e se medem com valores procedentes de outras culturas. A capacidade de defender valores próprios se converte automaticamente em exercício de prepotência intelectual, de arrogância fundamentalista, de imperialismo cultural. O Ocidente deixou de crer nos princípios que fundamentam a sua civilização e, paralelamente, desenvolveu uma espécie de apatia e de indiferença, que se disfarça de tolerância, tudo isso acompanhado de um ridículo complexo de culpa, que redunda num estado de paralisia, de crise de identidade. Essa atonia é acompanhada, paradoxalmente, de uma maior prosperidade material que esses valores nos proporcionam. Os povos que só se preocupam em desfrutar materialmente do seu prestígio normativo, sem se preocupar em defendê-los, são condenados, primeiro, à decrepitude, depois, à extinção. A nossa debilidade, que é um verdadeiro apetite de autodestruição, não passa despercebida aos inimigos do Oridente, que já contam antecipadamente com a vitória. Efetivamente, essa vitória está se realizando agora, aos nossos olhos, na medida em que se descristianiza o Ocidente.

— Que tipo de protagonismo desempenha o Húngaro na promoção e na execução da engenharia social? – indagou Malvino.

— Principalmente financeiro. No Brasil, por exemplo, ele financia, por intermédio de sua ONG, passeatas, movimentos e manifestações políticas, artísticas e midiáticas, destinadas a provocar conflitos sociais e a impor ideias corruptoras, notadamente entre os jovens.

— Hum! Daí a radicalização do feminismo, da homofobia, do racismo, das desavenças domésticas, da guerra entre os sexos e entre as classes sociais e profissionais. Mas como esses distúrbios sociais podem levar à derrocada do Ocidente cristão?

— As religiões fundam as civilizações. Suas revelações proporcionam uma visão do mundo que tem por fim manter os homens agregados em torno de valores que ela consagra. Toda civilização, portanto, deve basear-se em convicções compartilhadas. Quando essa visão do mundo é compartilhada, como no Islã, a civilização cresce, revigora-se e procura se expandir, mas quando não o é, como no Ocidente, a civilização se detém, míngua e, finalmente, expõe-se à dominação de outra mais forte. Kadafi dizia que "o assalto do Ocidente se dará sem armas, sem terror e sem suicidas. O contingente de mais de 50 milhões de islâmicos na Europa transformá-la-a rapidamente em muçulmana". De fato, tudo ocorrerá como numa grande avalanche. No alto da montanha, uma gota de água, acanhada e trêmula, escorre e se mescla com o barro que a absorve, formando uma pequena bola. Um dia se vai, outro chega, a bola cresce à medida que a chuva aumenta. Outras gotas se sucedem e se agregam. E a bola de barro se dilata, incha, alarga seu diâmetro. Já não é mais uma bola, é uma imensa mole, esfíngica e fria que ameaça, que perturba. Um dia, a mão invisível do destino a precipita. A imensa mole oscila, pende e lentamente começa a descer com fragor medonho. Árvores que na encosta olhavam o vale, aldeias que no sopé abrigavam pessoas distraídas, casas perdidas na solidão da montanha, tudo isso é calcado, destruído, arrasado. Como um trovão, a avalanche vem, destrói, passa e deixa só o barro escuro e frio, manto lúgubre com que a Morte cobre as suas vítimas. Assim, também, ocorrerá o assalto do Ocidente. O destino encarregou-se de, pelas mãos do Húngaro, precipitar a avalanche. Mais dias, menos dias, 50 milhões de criaturas obcecadas e fanáticas marcharão sobre a Europa. Então as filas intermináveis de comboios passarão, as estradas transbordarão de homens enfurecidos, as cidades serão esmagadas pelo peso formidável de uma população invasora e os cristãos, silenciosos, voltarão às catacumbas para prantear o ocaso de sua civilização.

— Quem é esse Húngaro maldito que luta em vão contra Cristo e persegue impunemente os cristãos? — perguntou, indignado, Malvino.

— É indiferente e sem nenhum interesse para o fim de desmascarar a engenharia social chamá-lo pelo nome. É pelo sobrenome de seu ancestral que identificarás os membros dessa família diabólica, que, através dos séculos, erguem-se e blasfemam contra a Trindade Santa. Seu sobrenome é *Flagelo de Deus*.

— O Húngaro foi vencido uma vez por um papa sábio e corajoso. Como vencê-lo outra vez, se a coragem e a sabedoria desertaram da Igreja? Com que armas é possível combater um exército invisível e numeroso, que maneja armamentos não convencionais e que matam mesmo sem munição?

— Tu acertas quando qualificas de numeroso, invisível e letal o exército que sitia impiedosamente o Ocidente, impondo-lhe incursões bélicas sem paralelo na história. Edgar A. Poe, o macabro autor de *O corvo*, descreveu num conto a situação atual do Ocidente. Intitula-se *O poço e o pêndulo* e tem por assunto um prisioneiro que, encerrado num recinto escuro, amarrado, vê hora a hora as paredes avançarem em sua direção e, à mercê de um complicado engenho de relojoaria, minuto a minuto, percebe que se aproxima de sua cabeça um monstruoso pêndulo, no qual brilha uma agudíssima lâmina. Malgrado o otimismo ingênuo do Ocidente, as paredes do politicamente correto esmagarão os seus ossos e a lâmina do relativismo decepar-lhe-á a cabeça.

Não há dúvida. A guerra vulgariza-se. Tudo na vida, a cada passo dado, perde a poesia. É a cidade substituindo o campo, a perfídia substituindo a amizade, o interesse substituindo o amor. A própria poesia está morta. Hoje tudo é banal. Até a guerra. Veja-se a guerra de ontem. A falange grega, os soldados, então chamados hoplitas, armados de lança de seis metros e trinta de comprimento, escudo, espada curta e capacete, marchando contra Xerxes e contra Dario; a falange que fez a retirada dos dez mil, comandada por Xenofonte; a falange que foi, afinal, vencida pela legião romana, com suas táticas inovadoras, com seus vélites e manípulos. Então, corria-se o mundo a pé e, por isso, os romanos construíram tão sólidas estradas. Um combate era, por certo, uma coisa rudimentar, mas uma coisa heroica. Os bárbaros vieram e, com eles, a Idade Média. A Idade Média trouxe a nobre cavalaria, a das alas, a dos paladinos, a das ordens. Então as armaduras foram obras de arte e grande força era preciso ter para empunhar uma espada, para esmagar um elmo ou dar cabo da grossa cota de um nobre senhor galardoado. A guerra era coisa ainda digna de se ver e participar. Ainda não havia essa tonitruante coisa chamada artilharia. E a guerra era heroica e digna, quase um torneio em que havia nobreza e força. Então nasce a artilharia pela boca de uma tosca colubrina. Vieram os arcabuzes, os mosquetes e os canhões. Em 1818, um inglês inventa o fulminante e faz acabar a pederneira. Vem depois a estria, a arma de carregar pela culatra, e, enfim, os grandes canhões e a artilharia de 305 m.m. Andando o tempo vêm os aviões, submarinos, cruzadores e porta-aviões. Os projéteis aumentam, aumentam-se as couraças, aprimoram-se as bombas. Tudo isso torna a guerra hedionda. Se a guerra convencional, que mata o corpo, é hedionda, que se dirá então da cultural, que mata a alma. O arsenal da engenharia social está repleto de artefatos de última geração, que assassinam as reputações, promovem a corrupção da juventude, fomentam a depravação generalizada, destroem as famílias, erotizam as crianças, estimulam o consumo das drogas, suscitam as mais variadas formas de conflitos sociais, desestabilizam governos e viralizam o pânico. E, assim, essa *Guerra* silenciosa, perene e anônima, tal qual um ginete medonho armado de foice e martelo, passeia indiferente o seu corcel rubro por sobre montões de carcaças errantes, como a pintou São João, recusando a Deus a colheita das almas para entregá-las a Satã. O soldado já não é o lutador grego, nem o gaulês de grandes bigodes e capacete bicornado, nem o legionário romano, nem o cavaleiro medieval, muito menos o recruta moderno, com fuzil e baioneta. Nada do chapéu emplumado do alemão imperial, da sobrecasaca do século XVI, das calças listradas dos soldados da revolução ou das barretinas peludas dos granadeiros, do gorro imponente dos *hussards* do imperador, do capacete do Império, dos quepes, das botas e dos galões. Tudo isso, toda essa gala de policromia, apagou-se e se desfez, vivendo apenas na tela dos pintores e na vitrine dos museus. A indumentária desse exército caricato não deslumbra, não amedronta, nem sequer se faz notar no dia a dia. Sua simplicidade desarma qualquer possibilidade de reação defensiva em suas vítimas, as quais veem mais a aparência do que procuram decifrar nas intenções, e terminam por dizer: "Ele é um dos nossos". Com efeito, que força persuasiva têm o guarda-pó bolorento do professor universitário, o jeans surrado do intelectual militante, o terno antiquado do jornalista engajado, a batina mofenta do sacerdote progressista e o modelito avançado das celebridades! Milícia arrivista, que controla, à luz do marxismo cultural, e monopolisticamente, a educação e a informação, o que lhe confere um *status* aristocrático, com polaridade inversa, em tudo semelhante à aristocracia do dinheiro. Em geral, aqueles que partilharam a boa ou a má sorte de nascer em humilde berço, quando chegam a mandar se esquecem da sua origem e a sua impertinente autoridade é infinitamente mais orgulhosa, incivil, insuportável e despótica do que a daqueles que mandavam sem outro título que o poder financeiro. Pode-se asseverar que os homens que têm visitado certas regiões — Cuba e Venezuela, por exemplo —, onde há essa classe de aristocracia iletrada, saíram de lá desgostosos, porque embora embalsamados com o aroma inebriante da retórica oficial, exalam, os novos titulados, o cheiro do curral partidário que lhes serviu de degrau para subirem à altura que os colocaram o ódio e o ressentimento.

Produto dessas paixões desordenadas, essa gente sabe, por experiência própria, como embelecar o ingênuo e o pobre, quando à ingenuidade e à pobreza vêm somar-se o ressentimento e o ódio. De todas as condições sociais, a mais própria para desalentar o jovem, e mesmo o homem experimentado, é a pobreza. O homem sem dinheiro, se for honesto, torna-se misantropo; se irreligioso, um patife; se ateu, um demônio. E são demônios esses agentes da engenharia social porque não seguem, não creem e não respeitam senão o autor dessas vilanias que eles acatam e põem em prática.

Essas palavras do religioso inflamavam o impressionável Malvino e excitavam a tal ponto sua imaginação que ele já idealizava a batalha final travada contra o *Flagelo de Deus*, cujo protagonismo lhe pertenceria por todos os títulos. Frei Lázaro, vendo que Malvino delirava, abreviou sua narrativa, trazendo à baila a real dimensão do problema que era mister enfrentar. Disse então:

— Não penses, porém, que será fácil acometer, ainda que defensivamente, contra um poder tão formidável. Duas providências urgem: defender a linguagem contra as incursões semânticas deletérias e renovar as instituições, delimitando os poderes e os fins outorgados expressamente pela Constituição. Em que consistem essas providências, explanarei amanhã resumidamente, na próxima entrevista.

5

A ENTREVISTA COM O PRIOR (4)

No dia seguinte, Malvino despertou com uma ruidosa movimentação. Um fato extraordinário atraiu todas as atenções no convento, tanto pela sua extravagância quanto por sua gravidade. Um monge ia ser julgado por fatos relacionados com a militância marxista dentro do claustro. Em outras palavras: o religioso era acusado de infiltração, comissionado por algum partido de esquerda. A acusação versava sobre a distribuição de panfletos anticristãos, a divulgação de doutrinas heréticas e a vulgarização de comentários histriônicos dos textos sagrados.

Terminado o julgamento, que foi secreto, os demais monges se agruparam ao longo do corredor, em cuja extremidade se postara o solitário Malvino. Quando este estava a ponto de se retirar, a porta da sala se abriu, dando a conhecer o infiltrado, um homem ainda jovem, que Malvino não tinha visto até então, mas que, contudo, não lhe parecia ver pela primeira vez. Enquanto se detinha para fitá-lo melhor, procurando seu nome na memória, foi o infiltrado quem o reconheceu. Veio ao seu encontro sorrindo e cumprimentou-o com um forte aperto de mão.

— Malvino, tu aqui! És também um infiltrado?

Logo que recordou um lugar, uma data, um acontecimento, tudo mais veio à sua memória. Era um ex-correligionário, um militante do partido, um encarniçado opositor da Igreja Católica, que jurara, como ele mesmo dizia, "envená-la nas tripas". Malvino cumprimentou-o discretamente, mas nada respondeu à pergunta do infiltrado. Este, animado agora pela presença do que julgava ser um camarada, assim discorreu sobre o julgamento que o condenara à expulsão:

— Foi um julgamento justo. Pena que um homem tão íntegro, austero e erudito como o Frei Lázaro se empenhe tanto em defender o indefensável, em manter viva uma instituição que tem contra si a totalidade da mídia, a maçonaria, a ONU e numerosos movimentos internacionais, alguns dos quais provenientes da própria Igreja, como é o caso da Teologia da Libertação. Como a fé poderá sobreviver à avassaladora onda materialista que tudo invade, da universidade à televisão, do jornal ao cinema, do partido político ao legislador, do juiz ao *parquet*, do púlpito à liturgia? A Igreja Católica não resistirá a esse assédio universal. É uma questão de tempo vê-la ruir sob o enorme peso de sua massa hipertrofiada e inútil. Quanto a mim, estou convencido de que cumpri o meu dever e, se me equivoquei ou tive razão, a história decidirá.

Em seguida, o infiltrado se despediu e, enquanto descia a escada, Malvino sentiu algo como um tardio impulso de repugnância por aquele homem insolente, que se atrevera a semear a cizânia no próprio quintal do Senhor.

Aproximava-se a hora do encontro com Frei Lázaro. Malvino procurava disfarçar sua ansiedade, ora lendo, ora cochilando, ora passeando pelo jardim. Afinal, Frei Lázaro mandou chamá-lo. Eram, mais ou menos, cinco horas quando Malvino entrou na sala do superior do convento que, desta vez, sentou-se numa poltrona bem em frente à sua, indicando que a conversa seria extensa e o assunto grave e de capital importância para a compreensão da estratégia e do poder inimigos. O religioso começou por onde havia terminado a última entrevista. Disse:

— A manipulação da linguagem é um expediente corriqueiro que a engenharia social utiliza para politizar o pensamento e pô-lo a serviço da desconstrução dos valores, das normas e das instituições. Assim é que para obter a aprovação de uma conduta declaradamente antissocial ou imoral, a primeira coisa que faz o engenheiro social é mudar o nome das coisas. A desconstrução parte do pressuposto teórico de que a realidade é um caos ou simplesmente não existe, donde a possibilidade de que sobre ela se produzam vários relatos ou descrições, que têm em comum a ausência de sujeito ou de referência fixa. Desse modo, a realidade se manifesta como uma sucessão de predicados, em que um deles exerce a função de sujeito nas orações. Nietzsche disse que quando exclamamos: "O relâmpago brilha", o que afirmamos é que uma situação brilhante está brilhando naquele momento. Não há algo, assim, como uma coisa brilhosa – o relâmpago –, que contenha em si o atributo de produzir brilho. O predicado, portanto, não é inerente ao sujeito, mas se justapõe a outro predicado que, arbitrariamente, toma o lugar do sujeito na frase. A desconstrução, pois, opera a partir do expurgo sistemático do sujeito, substituindo a referência por significados através do uso atributivo da linguagem, que prescinde de algo concreto exterior a ela e dá lugar a afirmações gerais sobre possíveis estados do mundo, mediante a fórmula "existe um objeto e só um objeto tal que cumpre a condição de ser X e de ser Y". A consequência evidente dessa análise é que o uso atributivo da linguagem, deslocando para o limbo o uso referencial, propicia o exercício meramente intralinguístico da fala, no qual o sujeito é assimilado ao predicado.

A importância do sentido genuíno de referir, pelo qual queremos designar não "o que cumpra nossa descrição seja a que for", mas aquilo de que pressupomos sua existência é que permite que falante e ouvinte conversem sobre algo determinado, ainda que possam discordar sobre a melhor forma de descrevê-lo.

Ora, quando suprimimos o sujeito da oração, ou seja, quando abrimos mão da referência fixa, podemos dar nomes iguais a coisas diferentes; podemos deduzir atributos idênticos de entes substancialmente diversos; podemos negar a existência de qualidades essenciais às coisas, ou afirmá-las onde elas realmente não existem etc.

— É lícito dizer, então, que se quer chegar por meio da distorção da linguagem, deixando intactas as coisas, à modificação da percepção delas? – perguntou Malvino.

— Exatamente. Num mundo sem referências, qualquer significado pode ser elevado à dignidade de verdade suprema. É precisamente isso que visa a desconstrução: fazer uma leitura crítica dos valores, das condutas válidas e das instituições valiosas. Não se poderia chegar, por outro lado, aos resultados que aspira a engenharia social, isto é, a uma modificação de atitudes e de comportamentos em escala mundial, se não houvesse uma demolição paralela das instituições tradicionais. Daí a subversão, algumas vezes lenta e gradual, outras vezes repentina e violenta, que se opera no seio da família, da escola, da universidade, da mídia e do Estado. Quando as instituições se corrompem, os cidadãos se envilecem na mesma medida; a democracia já não é mais um regime de liberdade, mas de permissividade, em que o governo espolia o povo e este conspira contra o governo; em que não há mais amor à pátria, porque ela só é amada pela educação que se recebe dela, pelos belos exemplos que encontramos nela, pelas virtudes que ela ensina; ela só é amada, enfim, quando lhe devemos a felicidade e a paz que desfrutamos nas ruas e no lar e porque sabemos que suas leis são mais justas, suas decisões mais acertadas, seu futuro mais radioso. O patriotismo é, então, uma combinação de reconhecimento, de respeito, de orgulho e de confiança. Quando esses sentimentos se extinguem nos cidadãos, pelo vício das instituições, pelos conflitos sociais, pela corrupção dos governantes, tentar-se-á em vão despertar o patriotismo.

Políbio experimentou essa situação de desagregação social logo após a era clássica grega. Ele nos diz que as duas metades dos habitantes eram alternadamente perseguidores e perseguidos, e todo cidadão era um inimigo do qual se cobiçava a riqueza ou se temia a insurreição. Passou-se logo à indiferença pela pátria comum. O cidadão não amava mais a pátria, a menos que seu partido governasse, de modo que todos os pensamentos, todos os votos, todas as forças eram dirigidos para o triunfo político do próprio partido. O grego, ávido e sem respeito pelo Estado, não corava por enriquecer à sua custa. Ele vivia do tesouro público, ou seja, os governados do *theoricum* e do *triobolo* (uma espécie de bolsa família), os governantes, da intriga, da venalidade e da concussão. Doravante, não sendo mais contidos pelo amor à pátria, os gregos se sentiram impelidos a concluírem alianças e a buscarem apoio do estrangeiro contra o inimigo interno. Eles lhe venderam a Grécia e não pediram em troca senão o triunfo de seu partido. "A população inteira", diz Políbio, "se abandonava à avareza, ao orgulho e à preguiça". Outro historiador, Tucídides, assinala mais um sintoma da corrupção: a alteração do significado das palavras. "Tudo ousar era o mesmo que demonstrar zelo; um homem violento era um homem resoluto; não havia excesso que não se permitisse a audácia; era louvável, portanto virtuoso, devolver o mal recebido, melhor, porém, era ofender primeiro".

O regime político da Grécia pós-clássica pereceu por um mal interior. A desigualdade da riqueza, a corrupção das instituições e a depravação dos costumes tornaram a vida da cidade intolerável. Tal como nos dias de hoje, o país foi impotente para conciliar a pobreza e a riqueza, estes dois elementos sociais sobre o acordo dos quais repousa toda sociedade bem constituída. Então, a exemplo do que acontece atualmente, o amor pela pátria se extinguiu inteiramente. Não se era mais nem espartano, nem ateniense, nem tebano; a liberdade e a sujeição se tornaram coisas indiferentes e sem sentido. As mesmas lutas que presenciamos hoje, tão mesquinhas e indecentes, sintomas indicativos da decadência geral, corrompiam os homens e acabariam por entregar a pátria, outrora aos romanos, hoje à Nova Ordem Mundial. Antes de reformar as instituições e moralizar os homens, escolhe-se, invariavelmente, o caminho mais curto e mais vil, ou seja, o caminho da servidão, pelo qual todas as nações devem se interligar com o que há de mais potente, não com a força, nem com a virtude, mas com o sentimento de insegurança, sentimento que leva cada uma a crer que, para vencer a corrupção e fazer cessar as desavenças internas, deve-se unir às demais e se submeter a um senhor. Percebeste? — perguntou Frei Lázaro?

— Ficou bastante claro pra mim que a engenharia social visa a impor uma ética voltada para a criação de uma nova sociedade radicalmente igualitária, à qual não se pretende fornecer instrumentos para a sua elevação moral e intelectual, mas, antes, se lhe deseja incutir, sub-repticiamente, valores, crenças e comportamentos por meio de técnicas de manipulação linguística e psicológica. Estou certo? — indagou Malvino.

— Está. Contudo devo deixar claro que quem se dispuser a enfrentar o Húngaro tem que saber que viverá num mundo novo, abandonado de sua pátria, exposto a cada instante a perigos espantosos, aos ataques da mídia, às perseguições da Justiça, e a ser presa de bárbaros militantes, aos quais será forçoso ou render-se ou mendigar a vida. São poucos, é verdade, os que se disporão a tanto, mas devem ser determinados, inseparáveis pela amizade, unidos pela confiança e ligados pelo mesmo infortúnio. Não duvides que bem depressa virão se juntar a eles companheiros zelosos, amigos devotados e muita gente orgulhosa da fama de patriota, porque não é grande perda a vida para quem não teme a morte e ama a pátria: tratem, pois, de aproveitar os meios de que dispõem para fazê-la gloriosa. Se a empresa que haverão de encetar só houvesse exigido corações covardes e tímidos, sem eles e antes deles já teria sido concluída, mas por isso que é árdua e penosa, somente para eles está reservada: os perigos farão sua glória, quando os houverem superado.

Nesse momento, Frei Lázaro deu por encerrada a entrevista. Era hora de dormir no convento. Malvino, então, despediu-se do religioso, mas quando já ia se retirando, voltou mais uma vez de olhos para ele, levantou as mãos ao céu, e assim se foi. Seu peito ardia de desejo de empreender a tarefa sobre a qual se pronunciara Frei Lázaro como "penosíssima", conquanto em seu íntimo a enxergasse antes como um legado deixado por Fausto, sem se lembrar de outras preocupações e sem outro pensamento senão o de realizar a tarefa encomendada. Há situações solenes, em que todo interesse pessoal cala, e em que o homem, absorto em si mesmo, já não é sensível senão às exigências impostas a ele como legatário de uma missão que lhe transcende e o domina.

6

O MESTRE JUSTINO

Fazia uma bela manhã de quarta-feira. Após o desjejum, Malvino deixou o convento, não sem antes despedir-se calorosamente de Frei Lázaro, que lhe fez uma última e peremptória recomendação, a de procurar um sábio que vive nas montanhas, afastado do convívio social e resistente às novidades espalhadas pelos meios de comunicação, aos quais impõe o epíteto de "guarda-costas do Diabo". É difícil chegar até ele, mas se Malvino conseguisse fazê-lo saber que quem o enviava era Frei Lázaro, era bem possível que a aproximação fosse facilitada.

Seu nome era Justino, e graças a ele os conservadores, secularmente dispersos, convergiram para uma doutrina comum, sabiamente pregada por esse pioneiro da direita no Brasil. Perseguido e constantemente insultado, Justino desenvolveu hábitos misantrópicos, que se traduzem numa justa desconfiança de toda criatura que avance em sua direção ou indague por seu nome. Daí a dificuldade que Malvino teria que vencer com muita paciência e determinação.

Logo que Frei Lázaro terminou de falar, Malvino se afastou, sentindo o que sentem ou que experimentam e hão de provar todos os homens especialmente escolhidos para conduzir processos sociais que alteram os paradigmas vigentes para o bem ou para o mal. "Para todos há tréguas", pensou ele muitas vezes. "Menos para mim". Ninguém, como ele, experimentou com mais rudeza a inexorabilidade do tempo. Tudo passa. O tempo voa e com garra implacável ceifa, na sua rápida passagem, os sonhos do indolente, que espera do tempo o que não pode exigir dos homens. Doravante, com efeito, teria que abandonar todos os interesses pessoais e concentrar-se apenas na execução da tarefa de arrostar com desassombro o famigerado Húngaro e seu exército invisível.

Absorto nesses pensamentos, Malvino chegou a sua casa e, afinal, pôde descansar. Precisava fazê-lo para aguentar a jornada, prevista para o dia seguinte, que o levaria até o solitário sábio da montanha.

Na manhã seguinte, bem cedo, Malvino pôs-se a caminho, obedecendo sempre as instruções de um pequeno mapa, rascunhado às pressas, no dia anterior, por Frei Lázaro. Ao cabo de duas horas, Malvino chegou ao alto de uma colina pedregosa, e dali pôde ver a casa de Justino, no platô de um cerro mais baixo. Via-o, à tarde, sair de casa, sem levantar os olhos, e alimentar um cão enorme, que ficava deitado ao lado da porta. Mais tarde, voltava, sentava-se num pequeno jardim e punha-se a rezar ou meditar, enquanto contemplava o céu e a luxuriante vegetação que adornava os montes. Algum tempo depois retornava à casa, acendia as luzes e entregava-se à leitura, sentado numa poltrona, em frente a uma imensa biblioteca.

Dois dias se passaram e os mesmos hábitos se repetiram, levando Malvino a crer que se repetiriam nos dias subsequentes. Na manhã seguinte, Malvino se preparou para o primeiro encontro com o sábio, que naquele momento regava as suas plantas. Desceu o barranco, atravessou o rio, passou perto da casa e sentou-se à margem do rio sob sua vista. Viu-o bem e de perto. As primeiras vezes, Justino fingiu não vê-lo e se encerrava em casa logo que o via. Um dia, ao vê-lo aproximar-se, pôs-se a resmungar e bateu-lhe a porta na cara, com grande estrépito. Outra vez, Malvino vagava pela campina tentando ver o que se passava no interior da casa. Eis que Justino, incomodado, saiu de casa ruborizado, atravessou o portão e disse:

— Deixe-me em paz, por favor!

Seus lábios tremiam, sua feição se alterara. Sem responder, o importuno visitante se afastou e se deteve a uns dez metros de distância do irascível ancião, que permanecia em pé, observando a reação de Malvino. Este tirou do bolso um bloco e começou a escrever um bilhete, mais ou menos nestes termos:

> "Meu nome é Malvino. Sou amigo e discípulo de Frei Lázaro. Sinto ter turbado a sua solidão, mas a sua vida, um pouco parecida com a minha, levou-me a uma invencível curiosidade em conhecê-lo. O infortúnio que o levou até aqui

> parece ser o mesmo que me mostrou que muita coisa tem que ser mudada neste malfadado país. Amanhã, neste mesmo horário, estarei de volta, confiante em que serei merecedor de sua amável hospitalidade".

Malvino dobrou o bilhete e colocou-o sobre um galão vazio de querosene, observado sempre por um olhar inquisidor de Justino. Depois se foi. No dia seguinte, na mesma hora, voltou ao mesmo lugar e viu que sobre o galão vazio havia um bilhete, não o que deixara no dia anterior, mas outro, dentro de um envelope, que dizia:

> "Caro amigo: sem sabê-lo, você corre grande risco. Se quer saber a razão, venha ver-me amanhã, depois do meio-dia. Justino".

Aquelas poucas palavras do solitário mantiveram Malvino desperto durante toda a noite, Que perigo corria? Era uma ameaça? De que parte vinha o perigo? E como podia sabê-lo ele, que não falava com ninguém?

Durante toda a noite, Malvino imaginou cem perguntas distintas e mil respostas possíveis, mas não chegou a nenhuma conclusão definitiva. Levantou-se antes que amanhecesse. Saiu da pousada para esperar o sol e respirar o ar puro da madrugada. Tentou esquecer-se de tudo para vencer sua impaciência, mas tudo foi inútil. Parecia febricitante. Não conseguia ficar quieto, olhava o relógio a cada momento e espreitava com olhar ansioso a lenta elevação do sol que, para ele, durou uma eternidade.

Finalmente soou, na igreja mais próxima, a campana do meio-dia, e Malvino então começou a descer a colina. Sua pousada não distava muito do vale, de modo que, em pouco tempo, já pisava a campina. Bateu na porta. Em seguida, o solitário veio abri-la e o fez sentar-se na sala, inteiramente circundada de estantes. Olhou Justino no rosto e não lhe pareceu antipático como da outra vez. Pelo contrário, era a imagem perfeita do intelectual austero, macerado pelas meditações, sublimado pelas audácias investigadoras, o verdadeiro doutor *subtilis* da filosofia pátria.

— Não creias — disse Justino — que vim para este lugar ermo por desprezo ou aversão pela humanidade. Vim, ao contrário, por amor, amor pela minha pátria e pela minha gente. Por ambas, encerrei minha existência neste paradeiro isolado, longe da peçonha que destilam contra mim os aliados do inimigo número um do país, que entre si conspiram a favor da minha perda e contra os interesses do povo brasileiro.

— Como assim? – redarguiu Malvino. – Não seria melhor combatê-los frente a frente e em terreno neutro?

— Não existe terreno neutro no Brasil. Desde 1984, o país foi assaltado por vândalos, cujas hordas destruíram as bases de nossa cultura, memória, tradições, e puseram, no espaço devastado pela fúria marxista, o alicerce balofo do edifício socialista, que hoje ameaça desabar sobre as nossas cabeças. Desde então, instalou-se no Brasil um regime político de uma só ideologia, um só pensamento, um só partido, embora rotulado sob várias denominações, para legitimar democraticamente o conchavo. É verdade que não se tratava do *cesarismo*, tão caro ao socialismo, mediante o qual se transfere a um caudilho todos os poderes, e a igualdade reina no meio da servidão. Esse regime, evidentemente, não é democrático, como também não o é o regime político vigente no país há pelo menos trinta anos, que poderíamos denominar de "democracia hegemônica". Essa má democracia é aquela que, sem cair no cesarismo, sufoca a liberdade individual e os direitos imprescritíveis do homem, em vista da perpetuação de uma ideologia no poder, sem deixar espaço social e político para o surgimento de uma corrente ideológica oposicionista, contra a qual conjuram todas as instituições políticas, sociais e midiáticas, sem falar no Ministério Público e nos partidos, em ordem a manter o *status quo*. Aqui, nesse modelo político, o povo é refém das instituições, que *a priori* traçam os limites ao exercício da vontade e do pensamento político, balizando-os em torno de uma doutrina única, que não é outra senão a socialista. Fá-lo por meio da desinformação, da imposição sistemática da propaganda política, do assassinato de reputações, de estatísticas viciadas, de fraudes eleitorais, da mentira repetida e sem possibilidade de contestação etc.

— De fato, em vão procuraríamos um jornal, uma revista, uma emissora de TV, uma película cinematográfica, uma produção artística, um autor dramático ou um partido político de orientação conservadora. Esse fenômeno é radicalmente contrário ao princípio da igualdade na liberdade, que é a pedra angular da democracia.

— Inclua aí também as universidades. Estas são algumas das instituições alvo dos governos despóticos, que não hesitam em confiscá-las, a fim de modelar, à sua maneira, as almas jovens. Napoleão, por meio de um decreto que organizou a Universidade Imperial, determinou que o ensino em todo o Império fosse confiado exclusivamente a esse corpo oficial; e nenhuma escola, nenhum estabelecimento educacional seria instituído à revelia da Universidade, sem a autorização do imperador. Com isso, o soberano pretendia inculcar na juventude o espírito militar e belicoso, proporcionado às suas aspirações imperialistas. Essas coisas não podem acontecer em um regime democrático. A verdadeira democracia não tem medo da liberdade e, pois, não precisa suprimi-la para estabelecer seu reino.

— Eu tive experiências desagradáveis nas universidades, onde eu e um amigo quase fomos linchados por jovens esquerdistas fanáticos, com a absoluta indiferença de policiais e a conivência irresponsável de um juiz de Direito.

— O que acontece nas universidades é uma amostra em miniatura do que ocorre no país inteiro. Uma facção toma de assalto uma instituição de ensino mantida pelo poder público, impõe o reitor que deseja, espanca professores, aplica pena aos recalcitrantes, discrimina os opositores e os esmaga com gritos, ameaças e pancadas. Mas tudo isso é lícito, aos olhos do Judiciário, em nome da autonomia universitária. Aos olhos do Judiciário, também a liberdade de expressão só assiste à esquerda política, ao passo que aos conservadores há sempre um juiz de plantão para criar-lhes embaraços, alguns intransponíveis. Infelizmente, como agudamente observou Montesquieu, "é uma experiência eterna que todo homem que detém poder é levado a abusar dele". Debalde, invoca-se o princípio da separação dos poderes. Mas essa separação não basta se os titulares dos poderes desconhecem o dever de seus cargos e a finalidade do Estado. Não há nada mais funesto para o futuro das instituições que entender a moral como uma coisa politicamente indiferente, como uma coisa que não diz respeito à política, e que aquela não se aplica a esta. Esse materialismo prático não pode deixar de ser fatal ao regime democrático. Que dizer da democracia que, após ter absorvido o indivíduo no Estado, absorve depois o Estado num grupo, num grupo onipotente, eleito ou nomeado, pouco importa, desde que seja onipotente? Que eu seja oprimido em nome da Constituição ou da vontade geral, expressa no sufrágio universal, em vez de sê-lo em nome de um monarca absoluto, eu não sou menos oprimido, nem tenho menos direito de gritar contra a injustiça.

— Esse desarranjo institucional tem a ver com o risco que eu corro vindo até aqui?

— Tem muito a ver. Por favor, vá até a janela e diga-me o que vê em frente da casa.

Malvino se dirigiu à janela mais próxima e observou que dela pendiam vários recipientes com água, semelhantes a bebedouros de passarinhos. Olhou, depois, fixamente para o exterior da casa e voltou a sentar-se.

— O que você viu? – indagou Justino.

— Não há ninguém lá fora.

— Nada mais chamou sua atenção?

— Apenas dois lagartos grandes, em frente ao portão.

— Era o que eu temia! Sua presença foi descoberta!

— Como? Não estou entendendo!

— Mas entenderá. Tenha paciência. Antes, é preciso que eu lhe conte uma pequena história bíblica.

Justino foi até a estante, pegou um exemplar da Bíblia e voltou a sentar-se.

— Diz o Livro do Gênesis, 6, 1-4:

> "Quando os homens tinham começado a se multiplicar na superfície do solo e lhes nasceram filhas, os filhos de Deus viram que as filhas de homens eram belas e tomaram por mulheres as suas escolhidas. O Senhor disse: 'Meu espírito não dirigirá sempre o homem, em razão dos seus erros; ele não passa de carne, e seus dias serão de cento e vinte anos'. Naqueles dias, os gigantes estavam na terra; e ainda estavam nela quando os filhos de Deus vieram ao encontro das filhas de homem e tiveram filhos delas. São os heróis de outrora, os homens de renome".

Parece não haver dúvidas de que *filhas de homem* é uma expressão que se refere às mulheres, ao passo que a expressão *filhos de Deus* quer indicar algo diverso do ser humano de sexo masculino, pois se assim não o fosse, o texto sagrado falaria de *filhos de homem*. Mas o que vem a ser a expressão *filhos de Deus* citada no mesmo capítulo? – continuou Justino. – Vejamos o capítulo 1,6-7 do Livro de Jó:

> "Chegou o dia de os Filhos de Deus se apresentarem em audiência diante do Senhor. O Adversário veio também com eles. O Senhor disse ao Adversário: 'Donde vens?' – 'De percorrer a terra e vagar por toda ela', respondeu".

De acordo com essa passagem do Livro de Jó, fica claro que a expressão *Filhos de Deus* se refere aos companheiros de Satanás, ou seja, são anjos caídos que, acompanhados do Adversário, vagueiam pela terra; é deles que fala São Paulo em Efésios, 6, 12:

> "Pois não é contra homens de carne e sangue, que temos de lutar, mas contra os principados e potestades, contra os príncipes deste mundo tenebroso, contra as forças espirituais do mal (espalhadas) nos ares".

Acrescente-se, ainda, que esses demônios, por uma permissão especial de Deus, têm a terra como seu local de existência e atuação, desde tempos imemoriais, e são numerosíssimos. Confira-se o que diz Lucas, 8, 26-30:

> "Mal saltou em terra, veio-lhe ao encontro um homem dessa região, possuído de muitos demônios; há muito tempo não se vestia, nem parava em casa, mas habitava no cemitério. Ao ver Jesus, prostrou-se diante dele e gritou em alta voz: 'Por que te ocupas de mim, Jesus, Filho do Deus Altíssimo? Rogo-te, não me atormentes!'. Porque Jesus ordenara ao espírito imundo que saísse do homem. Pois há muito tempo que se apoderara dele, e guardavam-no preso em cadeias e com grilhões nos pés, mas ele rompia as cadeias e era impelido pelo demônio para os desertos. Jesus perguntou-lhe: 'Qual é o teu

nome?'. Ele respondeu: 'Legião!' (Porque eram muitos os demônios que nele se ocultavam). E pediam-lhe que não os mandasse ir para o abismo".

— Perceba – continuou Justino – que os demônios pedem a Jesus que não os mande ir para o abismo infernal, evidentemente porque desejam continuar assediando os homens na Terra até o final dos tempos.

Nesse momento, Justino fez uma pausa e ofereceu a Malvino algo para beber. Tinha a garganta seca pelo entusiasmo que o levava a falar sem parar. Malvino deu apenas um gole no copo de refrigerante. Justino se deu conta, então, de sua curiosidade impaciente, parecendo entusiasmar-se com ela, à medida que esvaziava o seu copo. Depois retomou abruptamente sua narrativa.

— De tudo o que ficou dito, pode-se concluir que há, desde a origem dos tempos bíblicos, milhões e milhões de demônios, seres angélicos sumamente inteligentes, vagando pela Terra; que fecundaram as filhas de homens (mulheres) e delas surgiu uma descendência híbrida de seres monstruosos, denominados de reptilianos, que sempre exerceram o poder supremo no mundo. Note que depois de falarem desses seres, na frase subsequente, as sagradas Escrituras dizem:

"Javé disse: 'Meu sopro de vida não permanecerá para sempre no homem, pois ele é carne, e não viverá mais do que cento e vinte anos'".

— Ora, se Deus soprou nas narinas de Adão para torná-lo um ser humano vivente, é evidente que esses seres privados do sopro divino não são homens, são apenas carne, isto é, entes reptilianos da linhagem de Satanás. Esses descendentes do inferno não são, porém, os únicos combatentes nas fileiras do adversário. Há, também, seres humanos manipulados geneticamente, que se prestam como massa de manobra para, através de militantes diabólicos, destruir o cristianismo e os cristãos.

— Como é possível que anjos possam manipular geneticamente seres humanos?

— Lembre-se que os anjos caídos são, essencialmente, anjos e, como tais, são dotados de grande inteligência, não lhes sendo estranho nenhum conhecimento relativo à biologia, à genética, à reprodução e à clonagem humana, de modo que, pela sua atuação nesse domínio, pode ser explicada a existência, outrora, de gigantes (que construíram obras colossais), e, hoje, de indivíduos fanáticos, ordenados à destruição da civilização. Estes são abduzidos e submetidos ao processo de ablação de parte do cérebro, responsável pela percepção e pelo comportamento moral, em ordem à recriação de seres irresponsáveis, predispostos ao socialismo e, em alguns casos, à demência. Antes que você me pergunte, quero deixar claro que seres extraterrestres não existem, são obra da imaginação febril dos meios de comunicação que, a soldo da elite globalista, intentam confundir as mentes crédulas e esconder quem são os verdadeiros protagonistas das "epopeias espaciais". Nada de ETs, virianos, arcturianos ou pleiadianos. Todas essas entidades são demônios, todas com o mesmo propósito de subverter a criação, principalmente a civilização cristã, agora com a promessa de uma invasão de pleiadianos, que viriam para ajudar os seres humanos a resolver todos os problemas do nosso planeta.

— Qual a finalidade prática dessa manipulação genética? – interrompeu Malvino, meio incrédulo.

— Dizem os Livros Sumérios, seus achados arqueológicos, bem como o Livro de Enoch, que seres reptilianos – os Anunakis – vieram habitar a Terra para explorar as minas de ouro – linguagem eufemística para designar a "busca de poder", a colonização da Terra. Os Anunakis encontraram aqui os homens da caverna, excessivamente rudes, broncos e insubmissos, imprestáveis, portanto, para o trabalho escravo. A manipulação genética transformou, então, milhares e milhares de hominídeos insubordinados e resistentes ao trabalho em seres subservientes e dóceis, conquanto ferozes defensores dos interesses de seus mestres. Ao contrário da manipulação genética moderna, que é ablativa e modifica o homem civilizado, tornando-o estúpido, fanático e socialista, a manipulação genética de outrora operava por enxertia, mediante a inserção na parte posterior do cérebro, de uma substância pastosa, composta de *cannabis* e *bovis stercus*, graças à qual produziam-se milhares de criaturas submissas, fanáticas e promíscuas, infensas à família e à propriedade privada. Só depois de muito tempo Deus criou o homem, o ser dotado de razão e orientado a valores, soprando nas narinas do hominídeo não manipulado geneticamente. Desde então, trava-se uma luta acerba entre ambas as humanidades: uma, a dos filhos de Adão, que querem conquistar a liberdade na igualdade obediente a Deus; outra, a de escravos dos Anunakis, que intentam impor a igualdade na servidão, em proveito de seus amos.

Justino ainda falava quando dois lagartos grandes subiram no parapeito da janela e puseram-se a olhar fixamente para o interior da casa. Malvino ficou embaraçado e sua primeira reação foi levantar-se da poltrona. Assustado, disse:

— Se esses bichos entrarem na casa durante a noite podem até matá-lo!

— Não se preocupe, eu já estou acostumado com eles e eles comigo. Querem matar-me, eu sei disso, mas não podem fazê-lo nem mesmo quando durmo. Esta casa tem tudo o que eles não podem suportar: crucifixos, relíquias de santos e prodigiosa quantidade de água benta, sempre renovada pelo nosso pároco, que a distribui pelas casas da região. Eles sabem que não podem entrar, ainda que a porta esteja aberta. Estão ali para nos intimidar e, claro, para conhecê-lo.

Esclarecida a razão da incômoda visita, Justino pôs-se de pé, um pouco ofegante, e disse:

— Aqui está toda a história que eu tinha para contar. Por conhecê-la e divulgá-la, sou perseguido, ameaçado e constrangido a viver isolado para sobreviver e impedir que a maldição que me persegue recaia também sobre meus parentes e amigos. Quê poderia fazer nessas circunstâncias? Posso calar e deixar que o Húngaro triunfe sobre a cristandade iludida e desarmada? Fiz quanto pude para proclamar a verdade e apontar o erro, mas, tudo em vão. Chamam-me de conspiranoico e de maluco. Não raro, a imprensa sórdida investe contra mim, deturpando a minha obra e enxovalhando o meu nome. Há quase dez anos, para resistir mais facilmente ao meu destino, encerrei-me nesta casa, no fundo deste vale triste e deserto. Entretanto também aqui chegou o perigo. Pense na minha tortura! Tive que me fazer pouco mais que um selvagem e me afastar dos entes que mais amava. Eu, que sou de natureza afetuosa e sempre sedento de amor, tive que me tornar arredio, desconfiado e irritadiço, um verdadeiro bárbaro, para desencorajar qualquer encontro e desfazer toda amizade.

Malvino quis dizer algo, mas não conseguia encontrar nenhuma palavra adequada. O quê dizer? Consolá-lo? Exortá-lo a prosseguir? Por um momento reinou o mais absoluto silêncio, que só foi quebrado quando ocorreu a Malvino homenagear a imensa obra que aquele brasileiro havia realizado. Claro! Esse era o único expediente possível diante do fecundo trabalho daquele homem superior! Valeu-lhe nessa hora a resenha biográfica que Frei Lázaro fizera de Justino, por ocasião de seus encontros no convento. Malvino, então, falou:

— Permita-me, mestre, utilizar uma linguagem bem colo-quial para expressar o que não pode ser dito senão com muito respeito e admiração. É impossível encontrar cores suficiente-mente fortes para pintar o caráter de Justino. É, talvez, o mais ardente exemplo da violência das paixões em busca da verdade, assim como da altura que a inteligência humana pode chegar, com o mesmo fim. A impetuosidade, os excessos e a extravagân-cia são esgrimidos frequentemente na defesa de seus pontos de vista filosóficos, porque ele sabe que um pequeno erro na filosofia pode ocasionar um grande desastre na política.

Platão cessou de lutar pela República, quando deixou de persuadir; Sócrates depôs as armas quando Pisístrato se tornou bastante forte para que se lhe pudesse resistir. Justino seguiu esse exemplo de desprendimento, com a diferença de que não deixou de lutar. Após ter sitiado durante quarenta anos a fortaleza de uma esquerda corrupta e vendo que era preciso organizar uma oposição, partiu para o exílio, onde arregimentou forças e avaliou as do inimigo a fim de enfrentá-lo e o ferir melhor.

Assim, o princípio conservador, que tinha sido durante tão longo tempo sufocado sob o peso das intrigas da esquerda e da mídia abjeta, achava-se, agora, em contato com uma matéria inflamável, que iria fazer arder o coração do cidadão de bem. Esse ardor explodiu com uma força capaz de alterar as regras do jogo político e de fazer tremer os socialistas corruptos. Justino escrevia, e ainda o faz, como profeta, como um homem que, do alto, recebe a inspiração e os movimentos. Ele irrompeu no teatro da política como o campeão da liberdade, o defensor da família e dos valores cristãos, e foi no fogo do patriotismo que se retemperou sua alma e se exaltaram todas as suas faculdades. Justino vê a causa conservadora como a sua própria, sente as injúrias que lhe fazem como injúrias pessoais e as rejeita como insultos à sua inteligência. O ardor de seu espírito supera todos os obstáculos e esmaga as objeções de seus adversários como se esmaga um inseto sob os pés. Sua imaginação é da mesma têmpera que sua inteligência e se deixa dirigir pelo mesmo guia. Todas as vezes que levanta voo, ela toma impulso como a águia que sobe ao céu, sem jamais se desgarrar ou se perder nas regiões profundas do éter, como aquela se precipita sobre a presa ou como a flecha veloz atinge o alvo, sem desvios e sem aberrações: ela serve os desígnios do autor como escrava e não como soberana.

Um caráter tão extraordinário e tão exaltado, tão imponente e incorruptível, escandalizou este século corrompido. Ao nome de Justino, a venalidade e a intriga tremem em todos os gabinetes e plenários políticos. A corrupção se ufana, é verdade, de ter encontrado um ponto fraco no grande homem: fala-se muito de seu linguajar, por vezes, grosseiro, mas o sucesso de suas obras e a desmoralização de seus inimigos responderam vitoriosamente aos gritos da calúnia e da mentira. De qualquer modo, as expressões ditas grosseiras se encontram principalmente em suas discussões com a impertinência socialista, em que, invariavelmente, é mister sacrificar a elegância à energia. Mas é preciso registrar que as particularidades que lhes enfraquecem o mérito como oração, acrescenta-lhes valor como combate político.

Não se encontra nos escritos de Justino essa ironia fina e delicada com a qual se deliciava Keynes em perseguir seus detratores. Ele fere raramente com a malignidade concentrada de Cícero, e raramente golpeia com a fúria de Horácio. Sua recriminação tem o aspecto altivo das críticas de Tácito e da verve de Milton, nos combates com Salmásio. Se Justino não encanta disparando a flecha do epigramatista, ele maneja tão bem a espada cortante da sátira como Juvenal e Voltaire. Com que virulência, indignação e acrimônia de humor venenoso ele persegue os inimigos da pátria, ou melhor, os flagelos do gênero humano, os comunistas. Foi no exercício dessa polêmica árdua e desigual que as energias de seu espírito redobraram em força e em ação contra os agitadores socialistas, descarregando sobre suas cabeças a tempestade impiedosa da invectiva.

Por essa obra grandiosa, que Cícero teria definido de *copia opus sapientia*, o Brasil contraiu uma dívida impagável com Justino. Sua contribuição para a renovação da mentalidade nacional é enorme; conquanto não possa ser apreciada agora, sê-la-á, certamente, no futuro, quando a História do Brasil conquistar o *status* de ciência, procedendo com imparcialidade, e os historiadores marxistas, perdendo a hegemonia acadêmica, calem-se para sempre. Obrigado, mestre Justino.

Assim que Malvino acabou de falar, Justino, sempre com os lábios trêmulos, levantou-se, enxugou os olhos e abraçou afetuosamente o visitante. Ambos se despediram, Malvino atravessou a porta e ia alcançando o prado quando Justino chamou-o com insistência:

— Malvino! Eis aqui água benta. Leve-a sempre com você e nenhum mal lhe sobrevirá.

E Malvino se foi.

7

UM JUIZ ARBITRÁRIO

No dia seguinte, chovia e faltava apenas um minuto para as cinco da tarde. O aguaceiro aumentava e Malvino não levava guarda-chuva. Caía a água fria de março e não havia outra alternativa senão a de se abrigar sob a marquise até que a chuva desse uma trégua e Malvino pudesse voltar ao escritório. O dia havia sido longo e cansativo por conta de inúmeras ligações e do desgaste físico e mental que está sempre associado à produção de um vídeo no *YouTube*.

Daí a pouco começou um tumulto que parecia contagiar a multidão de pedestres que até então procurava apenas se livrar da chuva. Gritos, palavrões, empurrões contrastavam com a fisionomia horrorizada de gente que procurava se safar dos apuros cuja causa ninguém conhecia. A cavalaria da P.M. agravou mais ainda a situação de conflito, que já era generalizada. Uns caíam, outros tropeçavam, muitos corriam sem destino nem direção certa, ao sabor do que mandava o instinto de conservação, muitas vezes para a proteção própria, outras vezes para a salvação de crianças pequenas, que, apavoradas, estavam a ponto de serem pisoteadas por pés frenéticos ou pelas patas implacáveis dos cavalos.

Malvino seguiu o caminho aberto pelos policiais através da multidão que se precipitava ora para um lado, ora para o outro da rua, sob a água que agora continuava a cair com menor intensidade. Escapou das bicicletas, esquivou-se dos automóveis, atravessou um cordão de camelôs que estava na beira da calçada, e só um enorme caminhão de entregas, carregado de rolos de papel, foi capaz de detê-lo durante alguns segundos. Como recompensa de tantos incômodos — e de tanta umidade —, Malvino vislumbrou o que parecia ser a causa de toda a desordem e da agitação que se apoderara das pessoas no quarteirão.

Dois carros da polícia estavam estacionados em frente a um prédio, provavelmente chamados por um morador insatisfeito com uma pequena manifestação de alguns jovens, para cuja repressão solicitara-se até o reforço da cavalaria. Os manifestantes foram presos e conduzidos à delegacia, sob os olhos perplexos da multidão indignada. Da varanda do sexto andar, o vingado morador lançou um sorriso sarcástico e desafiador em direção à turba, que se aglomerava. Malvino conheceu-o imediatamente.

— É o juiz Waldemar! — exclamou ele.

— Sim, é ele mesmo! — respondeu um transeunte. — Lá é a residência do Waldemar, e esse homem soberbo é um dos mais poderosos, sagazes e atrabiliários juízes brasileiros.

Malvino, rapidamente, retirou um gravador da mochila e pôs-se a entrevistar um homem exaltado, cuja indignação refletia, disse ele, sua decepção relativamente à situação política do país. E acrescentou:

— Aqui, no Brasil, onde a natureza é tão pródiga em beleza e o subsolo copiosamente provido de riquezas, onde o homem é naturalmente crédulo e generoso e as famílias, crentes e tementes a Deus, não cai a folha de uma árvore sem a vontade desse juiz venal. Para qualquer obra pública ou privada, para autorizar qualquer investimento, para a simples nomeação de um funcionário público, é preciso contar, antes de tudo, com a anuência de Waldemar.

— O que representa Waldemar para o futuro do país? — indagou Malvino.

— Uma grande ameaça. Dizia Turgueniev: "Um russo reconhece que dois e dois são quatro em toda parte, mas no fundo de sua alma crê que na Rússia o são de um modo mais categórico que em qualquer outro lugar". No Brasil, poderia afirmar-se que dois e dois não chegam a ser definitivamente quatro enquanto Waldemar não autorizar a soma. A influência política desse juiz é amplamente nacional. De sua residência, ele poderia agora mesmo provocar uma crise política ou uma instabilidade econômica. Não seria a primeira vez que, seguindo o fio das ridículas marionetes políticas, com cujo espetáculo se diverte indignamente a metade do país, veríamos a mão diretora desse homem que, em seu suntuoso retiro oficial, recebe diariamente tantas e tão distintas homenagens. Waldemar faz e desfaz nomes do primeiro escalão, concede ou nega indultos e interfere em questões de política exterior. Um homem passou de ladrão a barão por suas mãos onipotentes. Outro, menos famoso, aprendeu a somar os algarismos do orçamento segundo as matemáticas do poderoso juiz. Um famoso pleito, que não faz muito tempo chegou a comover todo o país, era quase um capricho feudal de Waldemar.

— Que solução haverá para o país? — perguntou Malvino.

— Não é preciso vir aqui e cobrar do juiz a posição que ele espontaneamente devia assumir, nem sequer defendermo-nos dele. Diz La Boétie: "Ele será destruído no dia em que o país se recuse a servi-lo. Não é necessário tirar-lhe nada, basta que ninguém lhe dê coisa alguma. Não é preciso que o país faça coisa alguma em favor de si próprio, basta que nada faça contra si próprio. São, pois, os próprios povos que se deixam oprimir, que tudo fazem para serem maltratados, pois deixariam de o ser no dia em que deixassem de servir. É o povo que se escraviza, que se decapita, que, podendo escolher entre ser livre e ser escravo, decide pela falta de liberdade e prefere o jugo. É ele que aceita o seu mal, que o procura por todos os meios".

Entusiasmado com as palavras do estranho, Malvino propôs-lhe renovar a entrevista no seu canal do *YouTube*. Aceito o convite e antes mesmo que os dois se separassem, o tumulto recomeçou. Era a cavalaria da polícia que dispersava a aglomeração dos curiosos, ainda esperançosos de presenciar um desfecho emocionante do episódio. A tudo isso, observava Waldemar, como a hiena observa, risonha, sua presa antes de atacá-la.

8

CONVERSA COM VALENTE

A manhã de sexta-feira transcorria entre ameaças de sol e suspeitas de chuva, quando o tilintar do celular despertou Malvino. Era um amigo, membro ativo do movimento conservador, que se dirigia a uma reunião de notáveis cujo tema em pauta era a emigração.

— Emigração? – contestou Malvino.

— Sim! Eu não creio que a emigração seja um mal. Nossos jovens vão para o exterior e voltam de lá com o bolso cheio de dinheiro e a cabeça cheia de ideias, profissionalmente aptos a impulsionar a nossa economia. Quê achas?

— Creio que a emigração é um bem, mas nisso consiste precisamente o seu mal.

— Como assim? Explica-te melhor!

— Há situações na vida em que o homem se submete a outro homem para não morrer de fome. Para esse homem é um bem ser criado de alguém, mas, indubitavelmente, o estado de criado não constitui uma posição invejável. Portanto a emigração é um mal disfarçado de bem. Também é um bem sair do presídio, conquanto seja muito melhor lá nunca ter entrado.

— Não sei aonde queres chegar!

— No século XIX, a batata irlandesa foi atacada por certa enfermidade que a tornou imprópria para o consumo. Por essa razão, mais de um milhão de irlandeses, em apenas cinco anos, emigraram para os Estados Unidos. Por aí se vê que o espírito aventureiro do emigrante decorre da falta de batata, da falta de pão, da falta de ensino, de liberdade ou, mais modernamente, da falta de espaço geopolítico.

— Falas da invasão muçulmana da Europa?

— Exatamente! Atualmente, milhões de emigrantes islâmicos vivem na Europa, estimulados pela ONU, e com a conivência de governos socialistas irresponsáveis, cúmplices do Húngaro infame. A população da Europa se tornou potencialmente refém de uma iminente Jihad, que porá em xeque toda a civilização cristã. Mas isso é assunto a ser tratado em outro dia e lugar. Agora tenho que conduzir uma entrevista no meu canal. Agradeço o teu convite e te exorto a que continues prestando teu incondicional apoio ao movimento conservador.

Malvino saiu apressadamente, com vistas à preparação do escritório antes que seu convidado chegasse. No caminho, pôs-se a pensar: quem seria ele, qual seria a sua profissão, seu caráter, sua inclinação política? E perguntava também a si mesmo: "Será um homem violento, naturalmente polêmico e contestador? Será um enfermo mental que dirige sua fúria contra todo tipo de poder? Será, acaso, um megalomaníaco que se crê o único no mundo capaz de exercer o poder político? Ou será, talvez, um grande brasileiro, amante da pátria e das coisas do Brasil, decididamente disposto a enfrentar os perigos da política e a corrupção dos poderosos?".

Afinal, o convidado chegou. Estava só. Era um homem adulto, próximo dos quarenta anos, são e desembaraçado, muito sério, de olhos vivos, que denunciavam um malicioso orgulho.

— Sente-se, sente-se – disse-lhe Malvino com voz tranquila. – Quer beber algo?

O visitante aceitou um copo d'água, disse chamar-se Valente e dispôs-se a iniciar a entrevista.

— Apresente-se, por favor – falou Malvino.

— Bom dia a todos. É uma honra participar de uma transmissão de seu canal, inquestionavelmente o mais representativo das ideias conservadoras neste país. Meu nome é Valente, sou advogado e professor de Direito Constitucional.

— Ok, Valente, a honra é toda nossa em recebê-lo no nosso canal. Como você pode ver, o pessoal que nos vê e ouve ficou muito inflamado e curioso quando soube que seu ofício é lidar com a Constituição. Muitos querem saber o que você tem a dizer a respeito da nossa Constituição e de seus intérpretes.

— Bom... Essa é uma pergunta cuja resposta varia segundo o perfil de cada aplicador do Direito. De modo geral, não se sabe quem obedece a quem: se o juiz obedece à Constituição ou se a Constituição obedece ao juiz. No caso do juiz Waldemar, não há a menor dúvida, a Constituição se curva sempre diante da vontade dele. Para ele, a Constituição vem a ser algo como um segundo sistema planetário. Trata-se de descobrir suas normas e de fundar uma técnica de interpretação que seja, com relação à Constituição, o que é a Astrologia em relação ao plano zodiacal. Waldemar maneja uma cabala jurídica que lhe permite extrair dos dispositivos constitucionais regras contraditórias, e aplicar uma ou outra segundo a sua preferência ou a importância do destinatário da norma.

— Mas Waldemar não tem que proferir suas decisões em consonância com as palavras claras da Constituição?

— Esse é o seu dever. A rigor, Waldemar não profere decisões ou sentenças. Para cada caso, ele emite um horóscopo, indecifrável para a técnica jurídica tradicional, conquanto absolutamente vinculante para o jurisdicionado.

— Isso representa uma tendência universal ou é apenas um fenômeno particular da nossa cultura jurídica?

— Eu não tenho a menor dúvida de que é um fenômeno orquestrado pela elite globalista. A proeminência do Judiciário sobre os demais poderes é um fator de desequilíbrio no processo político. Veja os constantes embaraços que a Corte de Direitos Humanos cria aos governos nacionais da Europa. Com a hipertrofia do Poder Judiciário, que procede consoante sua lógica própria e é não representativo, provoca-se uma cisão entre a vontade do povo e o processo político. Mediadas por um juiz, as decisões do governo nascem inquinadas do vício extremo da inconstitucionalidade, provocando uma grave e irreversível instabilidade institucional. Por outro lado, ninguém melhor que o Judiciário está suficientemente preparado para destruir as tradições e as convicções compartilhadas de um povo, principalmente quando este não tem grande interesse em preservá-las. Refiro-me ao politicamente correto. Nem mesmo a mídia pode comparar-se, em eficácia, ao Judiciário, na disseminação desse vírus funesto, invariavelmente acolhido em sentenças e acórdãos. Por meio dessa virose, altamente contagiosa, foram recepcionados costumes extravagantes e ideias deletérias, que jamais chegariam a vingar não fosse a colaboração prestigiosa do Poder Judiciário.

— Que consequências pode ter a hipertrofia do Poder Judiciário sobre a democracia?

— O conceito de democracia é contraditório com a hipertrofia de qualquer dos três poderes. E o é por uma razão bem simples: numa verdadeira democracia, os poderes devem ser harmônicos e independentes, a competência de um termina onde começa a competência do outro. Waldemar pensa que o seu poder vai até aonde lhe permitem suas incursões hermenêuticas, consoante as quais não há matéria que escape ao controle da jurisdição constitucional, seja para beneficiar os amigos, seja para perseguir os oponentes. Daí resulta que a democracia vai se encolhendo pouco a pouco até murchar inteiramente, embora seu nome permaneça vivo na boca dos juízes e dos políticos.

— Na sua visão, qual seria o remédio para esse mal?

— Para nós, mais difícil que viver sem Constituição é viver sem dinheiro. Isso não é verdade. Enquanto não se estimular no povo o que se convencionou chamar de sentido constitucional, viveremos à mercê de juízes e políticos inescrupulosos, que medem a Constituição de acordo com o tamanho de seus interesses. Os ingleses não têm Constituição escrita, nem a necessitam, porque têm, em vez dela, o que um grande tratadista chama de *sentimento constitucional*. Quanto a nós, é verdade que temos uma Constituição, mas como carecemos de sentido constitucional, é como se não a tivéssemos. É claro, por outro lado, que os juízes não podem criar no povo esse sentimento, do qual, certamente, eles também carecem. Para mim, o remédio para coibir a usurpação de poderes seria a adoção da Constituição gráfica, em que os dispositivos constitucionais seriam substituídos por figuras geométricas delimitadoras dos direitos, deveres e competências. Seria um método mais democrático e pedagógico, em ordem a suscitar na magistratura o respeito e o interesse pela Constituição, a partir da internalização do sentimento constitucional, afinal, essa metodologia provou ser extremamente eficaz no incremento do interesse da criança pela matemática. Da mesma forma, os índios se civilizaram não por meio da palavra escrita, senão com a ajuda de gravuras e formas de objetos do dia a dia. Desse modo, evitar-se-á uma maneira muito nossa de discutir e decidir as coisas. A maneira pessoal, a maneira individualista, a maneira heroica. A maneira, enfim, do indivíduo que não se dá nunca o trabalho de estudar qualquer coisa e que, agarrando-se ao interesse próprio, a exemplo de Waldemar, decide invariavelmente de acordo com ele.

Malvino estava encantado com o seu convidado. Sua firmeza, sua honestidade, sua inteligência, tudo nele fazia-o lembrar de Fausto e de seu obstinado patriotismo.

Assim que a entrevista acabou, registravam-se mais de 200.000 visualizações, fato inédito para uma manhã de sexta-feira, o que exigia uma comemoração especial, extensiva também à prolífica amizade que ali então começava.

9

A PANDEMIA

Em março de 2020, toda a população foi tomada de um pavor indescritível. Os jornais anunciavam algo, assim, como o advento do Apocalipse: "O coronavírus chegou. Todos em casa". Alguns pensaram tratar-se de uma invasão do exército bolivariano, outros afirmavam que nada mais era que a visita do líder chinês. Durante mais de dois meses, os brasileiros foram obrigados a ficar em casa, sob a custódia ameaçadora de tropas de assalto dos estados e municípios. As mentes mais arejadas alertavam: "A economia vai quebrar. O povo brasileiro quer trabalhar".

Indignado com que acreditava ser uma provocação, um governador retrucou:

— Isso é uma falácia! Nem o brasileiro, nem homem nenhum quer trabalhar. Para mim, a questão trabalhista se resume numa frase: o homem não quer trabalhar. O homem não quer trabalhar oito horas, nem seis, nem quatro, nem duas; não quer trabalhar num trabalho saudável nem num trabalho insalubre; não quer rigorosamente trabalhar. Toda a civilização não é senão uma luta desesperada do homem para não ter que trabalhar. Se foram inventadas máquinas e canalizados rios, se animais foram domesticados e se robôs foram construídos, tudo isso foi feito com o único intuito de que os robôs, os animais, os rios e as máquinas trabalhassem por nós. Por essa razão, mantendo-o em casa, eu satisfaço a vontade do povo. Nisso consiste o meu dever e o meu compromisso. E conto com o reconhecimento popular para o meu triunfo nas próximas eleições.

— Que a economia pare! – disse outro governador. – Indubitavelmente, a economia de mercado é uma coisa muito má, sobretudo para aqueles que não têm dinheiro, mas também é uma coisa muito boa, especialmente para aqueles que a comandam. Suprima-se a economia! O importante é ter saúde! Com razão, muitas pessoas creem que a economia de mercado constitui uma enfermidade, e se, com efeito, a constitui, há que se convir que entre nós, graças a Deus, ela não teve nunca caracteres endêmicos. Por que agora tanto empenho em mantê-la intacta? Planificação econômica, já!

Malvino, desde cedo, estava em contato com os seus seguidores.

— Eu creio — disse ele — que as palavras do governador têm toda a categoria de um projeto e me estranha ver que a mídia o desconhece sem dar-se o trabalho de examiná-lo tecnicamente. Porque, desde logo, se existe no Brasil alguma dificuldade para arrasar sua economia, a mim me parece tratar-se de uma dificuldade exclusivamente técnica. Isso de se imaginar que os governadores não podem arrasar a economia por razões de ordem moral, política ou jurídica, demonstra, a meu sentir, uma profunda ignorância em matéria de arrasamentos. As dificuldades desse tríplice caráter têm muito pouca importância para suas excelências. As dificuldades técnicas, ao contrário, constituem, para os mesmos senhores, algo verdadeiramente muito escabroso. Sentado isso, eu considero que devemos deixar de lado considerações ociosas e rogar ao governador que explique seu plano. Queremos saber em quanto tempo e a que custo sua senhoria se comprometeria a arrasar nossa economia. O craque de 1929 levou quatro anos para arrasar a economia mundial. Claro que nós não somos tão exigentes. Acostumados a inúmeras resignações, provavelmente nos conformaríamos com um arrasamento mais conciso e simplificado. De qualquer modo, quanto lhe custaria esse arrasamento da economia, governador, considerando que ele estaria plenamente concluído à época das eleições de 2022?

Um prefeito exultava de alegria porque agora podia realizar prisões e enquadrar os cidadãos. "Nunca admiti — dizia ele — que a Constituição houvesse suprimido esse costume tão salutar e tão brasileiro, que deita raízes no Brasil colonial. Agora, graças ao Waldemar, essa norma centenária, já consagrada pelo uso, foi repristinada. Ter a população sob o nosso controle discricionário, eis o que se impunha há muito tempo, em nome da paz e da segurança públicas. Sob esse aspecto, o vírus foi altamente benéfico para o exercício pleno da autoridade. A população, salvo raríssimas exceções, está intimidada, submissa, indefesa, não tem mais as veleidades do passado, quando, em razão de qualquer arbitrariedade, por mais mínima que fosse, invocava a tutela dos direitos humanos. Doravante, graças ao temor que infunde o vírus, o cidadão brasileiro se tornará cada vez mais dócil, mais servil e mais obediente, isto é, gradativamente mais domesticado e mais apto a integrar a Nova Ordem Mundial".

De fato, o sucesso do coronavírus foi tão grande entre os governadores e prefeitos que alguns deles, cientes do lucro chinês com a pandemia e do apoio concedido à Ásia por uma organização mundial, resolveram, junto a esta, demonstrar a excelência dos vírus, bactérias e bacilos nacionais em comparação com a produção asiática.

— O senhor pode estar certo — disse o chefe da delegação — que as nossas *commodities* são superiores às da Ásia e mais eficazes.

— Que amostras o senhor tem para nos oferecer?

— Pois não! Trouxemos conosco um catálogo atualizado correspondente aos últimos governos do PT, oportunidade em que tivemos uma alta taxa de produtividade desses organismos. Temos para pronta entrega a bactéria da hanseníase bíblica, a sempre sensual sífilis e um micro-organismo já extinto no mundo inteiro, mas que ainda persiste no Brasil: o milenar tifo.

— Sinto muito, mas suas ofertas não nos interessam no momento. Quem sabe no futuro?!

— Vou fazer uma proposta para o senhor, que eu não faria para mais ninguém. Para pagamento à vista, 20%; ou a prazo em 10 vezes sem juros. Que tal?

— Não há negócio no momento. Volte no ano que vem.

— Que rotunda negativa! — disse o político enquanto deixava o prédio da organização. — Eu, que me acreditava possuidor de enfermidades importantes...

Profundamente decepcionado, com uma pasta debaixo do braço, ele chegou à rua, sumido em amargas reflexões. Em vão, seus colegas tentavam consolá-lo.

— O fracasso é evidente — repetia ele. — Se não sair o Fundo Partidário, como vou financiar minha candidatura? Convenho que o vírus chinês é mais pragmático, mas exijo que às enfermidades brasileiras se outorguem mais distinção e respeito.

Envergonhada, a delegação voltou para o Brasil com as mãos vazias.

10

SÓ PODE SER CORONAVÍRUS

Em meio à pandemia, com rigoroso isolamento, tudo se torna difícil e complicado. Qualquer saída é um risco, toda iniciativa imprevista é perigosa. Malvino sentiu esse problema na pele, quando uma severa dispepsia com enjoo não lhe deixou outra alternativa senão a de buscar socorro médico.

Que fazer? Procurar atendimento num hospital e se arriscar a contrair o vírus? Quando ainda matutava uma solução para o seu problema, Valente ligou. Malvino contou-lhe sua situação, Valente se escandalizou.

— Não faça semelhante coisa — respondeu-lhe Valente. — Vá a um veterinário, vá a um enfermeiro, vá a um barbeiro ou a um marceneiro, mas não vá a um médico durante essa pandemia. O médico dirá que a tua dispepsia é um sintoma capital da Covid-19 e te entubará em seguida.

— Acho que alguma coisa não me caiu bem no almoço. Estou com uma azia insuportável. — replicou Malvino.

— Muito bem! Toma um antiácido e bebe muita água. Hospital, nem pensar! Há poucos dias, um amigo se queixou de pedra nos rins. Eu levei-o a uma emergência de um hospital, confiando que seria um atendimento rápido. Deitaram meu amigo numa cama e lhe disseram que aguardasse o médico. Dali a pouco, rodeado de assistentes, chegou o médico, que se dirigiu à cama onde jazia o enfermo. Debruçou-se sobre ele e disse:

— Se para nós, médicos, todos os casos fossem iguais a este, não estaríamos tão fatigados. É um caso claro de Covid-19, que requer alguns cuidados.

— Mas doutor, eu tenho apenas dores nos rins! — redarguiu o meu amigo.

— Eu sei disso. – respondeu o médico. – O vírus se instalou precisamente aqui. – E apertou o local.

— Ai! Ai! – gritou o paciente.

— Estão vendo? – disse o médico, exultante. – A minha experiência me dizia que o maroto estava localizado nos rins. As possibilidades clínicas são ilimitadas para todo médico que tenha sangue de artista, e eu vou demonstrá-lo ensaiando com este paciente um procedimento inédito e completamente pessoal. É um procedimento arriscado, sem dúvida; mas nisso consiste todo o seu encanto. Quem me conhece sabe que o perigo não me intimida...

— E, com um gesto estudado, o especialista lançou-se sobre o meu amigo, que, sob a influência do sedativo, começou a cantar uma guarânia.

— Vocês vão ver com que perícia eu realizo o procedimento. – Acrescentou o médico. – Todo ele se reduz a três etapas. Pam! Pam! Pam!

— O médico concluiu o procedimento e o meu amigo parou de cantar.

— O pulso sumiu – observou um assistente.

— O outro ajudante puxou com uma pinça a língua do pobre homem. Tudo foi inútil.

— Este pequeno detalhe turva um pouco a excelência do procedimento. – disse o médico, que se sentara para preencher uns papéis.

— Eis aqui – disse-me ele. – O atestado de óbito. Causa da morte: Covid-19. – Eu já ia me retirando, quando a enfermeira gritou:

— Doutor, ele está vivo! E acaba de expelir pedras dos rins.

— Isso não são pedras – replicou o médico. – São formas gelatinosas de colônias de coronavírus, que se enrijeceram com a terapia aplicada. O procedimento foi um sucesso!

— O que te parece o isolamento radical como está sendo feito? – perguntou Malvino.

— O isolamento em si é ruim, mas para nós é necessário. Os escandinavos, com urbanização excelente, água tratada e bons políticos, creem que podem prescindir do isolamento.

"Em vez de nos falarmos — dizem —, precisamos de ar puro e água limpa". Aqui, ao contrário, a alternativa é trágica: ou isolamento ou Covid-19. Nós ainda estamos na era do isolamento, como estamos na do coronelismo e do conchavo político. Se eu vivesse na Dinamarca, seria muito provavelmente contra o isolamento e a favor dos políticos. O isolamento, que na Dinamarca me parece reacionário, aqui me parece liberal e científico. É verdade que existem exageros em tudo isso. No caso concreto do isolamento, boa parte da população parece considerá-lo uma arbitrariedade, mas se se considera um arbítrio o isolamento, não se está muito longe de crer que a Covid-19 seja a liberdade. Será realmente? Do ponto de vista do vírus não cabe a menor dúvida, e no da população? Não há, ao que parece, uma resposta definitiva. A verdade é que quando se decretou no Brasil o isolamento obrigatório todo mundo se indignou. "Que se isole quem quiser", costumavam dizer. "E como é que fica se eu quiser ter a doença? Não quero é abrir mão da minha liberdade! Liberdade de contrair o vírus... Liberdade de transmiti-lo... Liberdade de espirrar... Liberdade de cuspir nas árvores".

— Com que afinco, o brasileiro defende todas essas liberdades! — exclamou Valente.

— O isolamento tem no Brasil o mesmo caráter obrigatório que se confere ao voto, e ninguém protesta contra a obrigação de votar. Os brasileiros se resignam a suportá-la como se resignam a suportar a dengue e os políticos. — Observou Malvino.

— Exatamente! — anuiu Valente.

— Sabe que eu já me sinto bem melhor?

— Era o que eu esperava. Permite-me que te dê o mesmo conselho que dei ao meu amigo de quem falei antes. Estamos diante de problemas demasiado graves e eu temo que nossos cérebros, ociosos durante muitíssimos dias, não possam agora funcionar com a exatidão necessária.

MALVINO DISCURSA NO CLUBE MILITAR

— Várias definições já foram dadas para o socialismo. Umas destacam o planejamento econômico, outras dão relevo à igualdade como desiderato político, e outras, ainda, apontam a ferocidade ideológica como estratégia de enfrentamento com seus opositores.

Com essas palavras, Malvino deu início a uma conferência num clube militar que, nessa ocasião, promovia uma jornada sobre regimes políticos modernos. Coube a Malvino falar sobre a situação política do Brasil a partir de 1988. A ideia geral da sua conferência era a de que o socialismo havia penetrado profundamente na mentalidade da população, no seu dia a dia, em razão da falta de tradição histórica, da ausência de uma memória comum que costurasse as gerações com o fio das conquistas comuns ao longo da história, algo, assim, como um autismo social.

— De fato — prosseguiu Malvino —, ao contrário dos povos europeus, cuja história exerce uma pressão enorme sobre cada indivíduo e impregna o mais insignificante ato da vida civil, os povos da América Latina carecem de orientação social, de parâmetros claros que lhes indiquem um rumo, que lhes forneçam premissas consistentes para formulação de juízos políticos, por exemplo. Dá pena observar as populações das grandes cidades brasileiras movendo-se desordenadamente, ao sabor da desinformação e do pânico midiático. Carente de todo indício material que indique sua relação com as gerações anteriores, o brasileiro se acha ali como se tivesse vindo ao mundo incidentalmente, por geração espontânea, e sem ter nada a ver com ele.

Chega a ser cômico como a nossa geração fala em liberdade e luta por ela sem ter a menor noção do que ela realmente seja. A liberdade não é um conceito puramente teórico. É, antes, um sentimento que se experimenta e se transfere de geração a geração, a exemplo de uma joia rara que o ancestral lega ao sucessor no seio de uma mesma família. A rigor — continuou Malvino —, não perdemos a liberdade. Na verdade, jamais a tivemos. Um Estado autoritário e onipresente se encarregou de bani-la do nosso país em meio às comemorações de independência política, que se algum resultado nos trouxe foi o de impor ao povo um novo dono.

Habituados à servidão, alguns militares se entreolhavam, sem entender muito bem como um povo pode ser responsável por seu próprio destino. A bem da verdade, não tinham nada contra o que ouviam. Simplesmente, as palavras de Malvino careciam de sentido para eles. Malvino percebeu o embaraço em que se haviam enredado os oficiais e aprofundou o tema.

— O socialismo explora muito bem a nossa falta de traquejo político. Diz-nos que a liberdade é um sentimento antinatural e egoísta, que em nada contribui para o progresso social. Daí o refrão repetido à exaustão pelos beneficiários do socialismo de que é preferível a segurança de uma vida miserável à esperança incerta de viver livre. Que vício monstruoso é esse que corrompe a nossa vontade a ponto de darmos aos políticos a corda com que eles nos sufocam? Se eles nos oprimem é porque nós os elegemos! Não é necessário, para conquistar a liberdade, que façamos nada para nós, basta que ajamos contra eles. Os políticos socialistas se revezam no poder e, alternadamente, repartem o butim que lhes pagamos. Só nós permanecemos inalterados na servidão, deixando-nos oprimir e empenhando-nos em ser maltratados, talvez esquecidos de que deixaríamos de sê-lo no exato momento em que deixássemos de servir.

— Nunca lastimamos o desconhecido. — Prosseguiu Malvino. — Só se tem saudade daquilo que experimentamos uma vez, e como a liberdade nos é estranha, fica fácil aos socialistas nos convencerem de que a sujeição é uma característica natural do homem, o que não é difícil de se obter de uma população desarraigada historicamente. Coisa diversa é o que eles pretendem agora. Atrevem-se a investir contra a noção de pátria e de símbolos nacionais, com vistas à instauração da nova ordem mundial.

Esforçam-se por banir da consciência da população a ideia de patriotismo, que esta, tendo embora a memória fresca, começa não só a esquecer-se dela, senão também a deplorá-la.

— Quando essa gente queima a bandeira nacional, o faz em nome e por conta de interesses externos, é isso? — perguntou um oficial.

— Sem dúvida! — respondeu Malvino. — Inúmeros episódios dessa natureza ocorreram na Espanha e na Argentina, países onde o Húngaro infame tem livre trânsito no governo e seu dinheiro abre e fecha portas secretas. Toda a sua imensa fortuna está empenhada em enfraquecer os Estados nacionais por meio do colapso de suas economias e do caos social, principalmente os EUA, em ordem a outorgar a liderança mundial à China comunista.

— Se o senhor não nos merecesse todo respeito e consideração, diríamos que tudo isso nada mais é que uma grande conspiranoia! — disse outro oficial.

— Enquanto não encararmos o problema com a gravidade que ele exige e continuarmos atribuindo as escaramuças globalistas à teoria da conspiração, o inimigo avança, ocupa espaços estratégicos e faz aliados ali mesmo onde a miopia do governo não vê senão próceres e coadjuvantes.

— É verdade! — exclamou um oficial. — O presidente por vezes se cerca de pessoas perigosas e assumidamente contrárias à sua pauta política. O que o senhor acha do ministro que o traiu?

— O presidente é muito odiado por seus opositores. O ódio que perpassa a discussão política envenena a alma e mata o espírito. Lembro que, interpelado pelos fariseus, Jesus disse: "Fiz muitos milagres e boas ações. Por qual deles vocês me censuram?". Jesus sabia que aquele ódio tão intenso não tinha uma causa natural, era um ódio que brotava de uma nascente infernal, bem a propósito para ver muitas virtudes em Barrabás e nenhuma no filho de Maria. Cabe, então, perguntar: nós queremos descobrir a fonte do ódio ao presidente? Que crime ele praticou? Que violência cometeu, precisamente ele, que levou uma facada mortal e impune?

— Eu disse que o ódio mata o espírito. — Continuou Malvino. — Não só o mata, como mais facilmente assassina reputações. Catilina, folgazão no passado, queria, na maturidade, arregimentar o povo e sublevá-lo contra as negociatas dos senadores, capitaneados por Cícero. Este, e depois Suetônio, promoveram a mais sórdida campanha de difamação contra Catilina, que até hoje o seu nome é sinônimo de vileza e corrupção. A tal extremo chega o ódio. Outro nome objeto de ódio e inveja foi Temístocles. Reverenciado pelos atenienses, antes e depois das guerras médicas, esse insigne general e estadista foi acusado injustamente de malversação de recursos públicos e condenado ao desterro, vindo a morrer entre os persas, povo que havia derrotado na batalha de Salamina.

Falei dos homens odiados. – Prosseguiu Malvino. – Falo, agora, dos homens que odeiam. Estes têm a sua caracterização típica encarnada em Iago, personagem de Shakespeare. O ódio pode tudo em Iago, dá-lhe paciência, força, energia, imaginação e mais ódio para induzir Otelo a matar Desdêmona por ciúme e depois se suicidar. O homem que odeia é um homicida *in pectore*. Só não mata porque não tem a coragem nem o valor para se sujeitar à prisão; seu ódio é autofágico, a menos que se associe à inveja, combinação funesta e diabólica, cujos resultados a história registra em suas páginas mais negras. Essa mesma combinação, vemo-la hoje manifestar-se pela prodigalização de palavrões, de gestos grotescos, de linguagem vulgar, de grunhidos, vaias, panelaços, isto é, por meio de um arsenal de obscenidades e de atitudes simiescas, dirigidas ao esfaqueado, que não tem contra si uma acusação sequer de corrupção ou de fraude. Essa circunstância, reputo eu, é a demonstração concludente, a prova crucial da origem diabólica desse ódio.

Nas tentações do deserto, Satã prometeu a Jesus todos os reinos e governos deste mundo caso Jesus o adorasse. Cristo não contestou a jurisdição de Satã sobre o mundo, apenas rejeitou a sua proposta e despachou-o. Sendo o legítimo proprietário do mundo, portanto, como admitir que Satã tolere que seus delegatários, os políticos, sejam virtuosos? Não será mais lógico pensar que se um deles – os virtuosos – se atrevesse a ocupar um cargo público de importância, o *Dono do mundo* o rejeitaria e empregaria contra ele o ódio diabólico de seus pares e o da parte não virtuosa da população? Ou alguém duvida que os atos espalhafatosos dos parlamentares pró-*impeachment* do presidente e os espasmos obscenos da militância socialista provenham de outra fonte que não do furor diabólico do inimigo de Deus?

Malvino deu uma pausa e, então, acrescentou:

— Mas há, também, oriundo da mesma fonte, o ódio disfarçado de admiração, o ódio que não se deixa descobrir até que possa ferir melhor, o mesmo que Saul nutria, inexplicavelmente, contra Davi. Esse é o ódio do traidor, que irrompe, geralmente, num espírito mesquinho e só se apazigua quando descarrega sua férula sobre um indivíduo superior, que lhe faz sombra ou o intimida. Brutus feriu Júlio César movido por esse ódio, que mata a vida e a reputação de homens célebres, mas deixa na boca das vítimas o sempre atual desabafo diante da traição: "Até tu, Brutus!".

Uma parte do povo brasileiro, ignorante e servil, associou-se levianamente à declaração da mídia de que a atitude do ex-ministro traduziu uma legítima manifestação de interesse geral, bem como uma corajosa reação de um agente público diante da prática de crime. Nada mais contrário à verdade. O que se deixa ver aí, *mutatis mutandis*, é a mesma argumentação esgrimida por uma corrente teológica extravagante, que visa inocentar Judas da imputação de traidor, segundo a qual o Iscariotes pretendia apenas a independência da Judeia e o bem dos judeus. Esquecem-se uma e outra narrativa, mesmo que se admita a boa fé de ambas, que uma traição jamais convalesce, que a maldição de Judas inquina todo e qualquer ato humano contrário à lealdade, ainda que inspirados nos mais elevados sentimentos e dirigidos pelos mais cívicos propósitos.

Ao término de sua exposição, Malvino foi muito cumprimentado. O seu objetivo de chamar a atenção dos militares para um assunto tão grave parecia plenamente alcançado.

"... SACUDAM A POEIRA DOS PÉS!"

Desde que Malvino retornou à cidade, algumas palavras do mestre Justino martelavam na sua cabeça: "É necessário organizar a militância conservadora!". Bom conhecedor do caráter nacional, Malvino tinha ciência do quanto é penoso organizar qualquer coisa no país. Ocorreu-lhe, então, buscar socorro à fé e resolveu "bater" a fim de que lhe abrissem os olhos para uma solução mais eficaz e menos trabalhosa.

Correu às Escrituras Sagradas, pediu a Deus inspiração e abriu aleatoriamente o livro santo, na parte em que diz: "Jesus enviou os Doze com estas recomendações: ... Vão e anunciem: 'O reino de Deus está próximo'. ... Vocês receberam de graça, deem também de graça! ... Ao entrarem na casa, façam a saudação. Se a casa for digna, desça sobre ela a paz de vocês; se ela não for digna, que a paz volte para vocês. Se alguém não os receber bem e não escutar a palavra de vocês, ao sair dessa casa e dessa cidade, sacudam a poeira dos pés".

Malvino estremeceu. Seu coração começou a bater forte, dando-lhe conta de que acabava de testemunhar uma experiência sobrenatural e milagrosa. Ali mesmo, ajoelhou e agradeceu a Deus a graça recebida. Já sabia agora o que fazer.

— Sim, é isso mesmo que eu devo fazer! E vou fazê-lo agora.

De posse da ideia que acreditava piamente caída do céu, Malvino se dirigiu ao escritório, de modo a pôr em prática um plano que nada mais era, para ele, que o consectário lógico da sugestão divina. Já sentado em frente do laptop, Malvino deu início a uma *live*.

— Bom dia, amigos! Gostaria de convocar alguns de vocês para a realização conjunta de uma tarefa que eu reputo de enorme importância em ordem a estabelecer as bases para a futura constituição de um partido conservador. Temo que não seja tarde demais, à vista dos imensos progressos que a esquerda globalista tem feito no nosso país. De qualquer modo, vou expor meu plano a vocês e fico à disposição para qualquer tipo de esclarecimento e de sugestão.

Malvino expôs tudo o que lhe havia acontecido, bem como tudo o que pretendia fazer, sem se afastar um milímetro sequer da verdade. A aceitação foi geral e imediata. Malvino agradeceu o apoio incondicional dos inscritos no canal, dos quais não esperava outra coisa, mas ponderou que só podia aproveitar doze, a serem escolhidos por sorteio.

Escolhidos os doze, um encontro foi marcado para o dia seguinte, quando, então, seriam delineados o objetivo e a estratégia do movimento que se autoproclamava como pioneiro na história da direita no Brasil.

Os inscritos eram os mais entusiasmados e não cessavam de oferecer sugestões. Além deles e de Malvino, estava também presente Valente, a quem foi incumbida a tarefa de dirigir um grupo de seis pessoas; o outro grupo de mesmo número de indivíduos seria chefiado por Malvino. Ficou estabelecido também que seria dada prioridade às universidades, centros acadêmicos, ordens religiosas, escolas, e às mais variadas entidades culturais e artísticas. Se a experiência se mostrasse proveitosa, essa mesma estratégia seria empregada no resto do país, até mesmo em Salvador e em São Luís.

— Não será algo arriscado improvisar discursos laudatórios da família e da propriedade para os capuchinhos? – perguntou um inscrito.

— Não será – respondeu Malvino, – se forem mesclados com libelos contra o capitalismo ou com um breve panegírico de Frei Beto.

Esclarecidos alguns pontos obscuros da estratégia e alinhavados os detalhes do procedimento, os apóstolos da liberdade – assim se autointitularam os ativistas conservadores – designaram o dia subsequente como a data de início do movimento. Os mais aguerridos levavam a mão esquerda ao peito e erguiam a direita em sinal de fidelidade à causa conservadora. Não faltaram aqueles que já se achavam capazes de converter ao ideário cristão — *Deus, Pátria e Família* — os partidos de esquerda e até mesmo os membros da CNBB.

Nesse clima de euforia, os doze cruzados modernos deixaram o local do encontro, onde só permaneceram Malvino e Valente. Este último disse:

— Crês que essa iniciativa vai produzir resultado?

— Não imediato. A nossa geração se acostumou a pensar segundo categorias marxistas, de modo que a realidade que ela enxerga é o resultado de uma manipulação miserável da linguagem.

— É verdade! A linguagem pode ser empregada tanto para desvelar o mundo quanto para ocultá-lo.

— Observe, meu caro amigo, que a fala do povo se expressa mais por frases do que por palavras espontaneamente combinadas. É uma linguagem em que as palavras não costumam encontrar-se soltas, mas, quase sempre, em grupos de quatro ou cinco, formando imagens e outras combinações de um caráter evidentemente ideológico.

— Podes crer! Sempre que um homem de poucas letras, ainda que seja de muita ciência, inicia um relato dizendo que fala em nome da justiça social, pode-se, de antemão, prever o resultado: "O capitalismo selvagem", "A homofobia é crime", "A família é opressora", "O gênero é cultural", "A mulher é vítima do machismo", e outras pérolas cultivadas na mídia.

— E o povo, não sabendo combinar as palavras, porque o marxismo, ao sequestrar a linguagem, ocultou o mundo para ele, terá que tomá-las já combinadas, ao sabor dos interesses inconfessáveis da esquerda. É uma linguagem que se afasta cada vez mais das coisas, ou seja, é uma linguagem pródiga em predicados e parca em sujeitos, ou, melhor ainda, é uma linguagem em que o predicado absorve o sujeito. Daí resulta que a nossa fala não reflete mais a realidade, pairamos muito acima da superfície das coisas. E todas as vezes que alguém se atreve a falar das coisas, sem a intermediação de predicados e eufemismos, como é o caso do presidente, é increpado de grosseiro, fascista e preconceituoso.

O tempo passou e ambos não se deram conta do avançado da hora. Algumas horas depois, Malvino já tinha pronta a receita para o sucesso da empreitada.

Nas primeiras horas da manhã do dia seguinte, os dois grupos, acompanhados dos respectivos chefes, reuniram-se em frente de um café, ponto de partida das duas excursões cate-quizadoras, que se destinavam: a primeira, a visitar uma ordem religiosa; a segunda, a dialogar com celebridades da telenovela, no próprio estúdio de uma renomada emissora de TV. Ao entrar nas dependências desta última, o grupo de Malvino foi convidado para um café numa sala solene e guarnecida de requintado mobiliário. Malvino chamou os seis à parte e lhes disse:

— Quero alertá-los que estamos em território hostil. Pro-fessa-se, aqui, um ódio acerbo às ideias conservadoras e uma radical aversão à religião e a tudo que remete aos valores cristãos tradicionais. Por ignorância e por orgulho, essa gente se associa ideologicamente à esquerda globalista sem se dar o trabalho de conhecer a realidade que a cerca. Apraz-lhe opinar sem se infor-mar, anda atarefada com suas novelas, com seus guarda-roupas e com seu dinheiro. Os artistas costumam ser egocêntricos e atribuem a si próprios uma importância exagerada, que, inva-riavelmente, negam aos outros. Um público fanático os segue e aplaude constantemente, por qualquer coisa que digam, mesmo que seja uma grande estupidez. Creem-se mais inteligentes e mais preparados que o resto da humanidade, e desde o cume de seus enormes egos supõem saber mais sobre nossas vidas do que nós mesmos acreditamos saber. Arvoram-se em críticos do capitalismo como se eles fossem uns ascetas e não deves-sem ao capitalismo sua riqueza, suas mansões suntuosas, seus carros de luxo e, por que não dizer, seus vícios.

Uma imensa porta se abriu nesse instante e puxaram-se as cortinas que franqueavam ao grupo o auditório, que já estava parcialmente tomado. As apresentações foram feitas, bem como foi declarada a finalidade por que o grupo ali se encontrava. Houve vaias e zombarias, que prontamente foram abafadas pela intervenção de um mediador. Este deu a palavra a Malvino:

— Bom dia, senhoras e senhores! Quem lhes fala é um homem que um dia foi comunista como vocês o são ainda hoje. Felizmente, orientado por um saudoso amigo, tive a oportuni-dade de remover o véu que escondia a luz aos meus olhos e a verdade ao meu espírito. Aqui e agora, eu e meus companhei-ros pretendemos fazer outro tanto em relação aos olhos e ao espírito de todos vocês, ainda que cientes que corremos o risco de não desocultar a verdade senão para uma pequena minoria. Mesmo assim valerá a pena.

Ouviram-se mais vaias e gargalhadas. Malvino, então, chamou um membro do grupo, um filósofo, que passou a expor a origem das ideias conservadoras, seus conteúdos político, econômico e social, e o *telos* que as animam. Após a erudita exposição, abriu-se a oportunidade para as perguntas.

— Você falou – observou uma atriz famosa – que o comunismo matou milhões de pessoas, mas o que dizer do governo fascista do General Franco que, em 1938 e com a Inquisição espanhola, matou milhões de mulheres, acusadas apenas de feitiçaria?

— Bem lembrado! – disse um ator consagrado. – A direita não menciona essa barbaridade!

— Desculpe! – replicou o expositor. – Há um pequeno equívoco de datas.

— É sempre assim! – exclamaram muitas vozes femininas. – O feminicídio, para a direita, tem somenos importância.

— A Revolução Industrial de 1917 – asseverou o âncora de um jornal – mostrou que o povo russo tinha razão quando quis impor ao mundo a *perestroika*.

O grupo permanecia calado, perplexo a tudo que via e ouvia. A fúria e a arrogância chegaram a um inacreditável extremo quando outro ator, célebre também, encarou o grupo e, transtornado, profetizou:

— Vocês se calam depois de tudo que ouviram da classe artística. Por quê? Por que a verdade impõe silêncio aos que a insultam? Mas dia virá, e não está longe, em que o povo brasileiro, a exemplo do povo francês, sacudirá o jugo da elite. Não suportando mais a opressão, o povo, na Revolução Francesa, pegou em armas e, enfurecido, destruiu, de forma impiedosa e irreversível, Sodoma e Gomorra, a prisão mais cruel de toda a história da França. Aqui acontecerá assim também quanto aos ídolos da direita conservadora.

Convencidos de que não havia mais clima para permanecer ali, onde o domínio de Freixo é incontestável, o grupo começou a recuar em direção à saída, para cuja porta se dirigiram muitas celebridades.

— Cadê a tão proclamada superioridade intelectual da direita? – Provocaram. – Não resistiram sequer aos argumentos históricos! Voltem depois de se informarem mais.

Sob gargalhadas e zombarias, os sete sacudiram a poeira dos pés e partiram dali. Em outra região da cidade, o grupo comandado por Valente também enfrentava uma situação desafiadora. Chegou ele até o portão de uma ordem religiosa e tentou convencer o irmão porteiro de que seu propósito era pacífico e ordeiro e nada tinha de contrário ou herético em relação à doutrina e ao magistério da Igreja. Sob protestos, em razão de que tomara por ambíguas as palavras dos visitantes, o monge permitiu o acesso do grupo ao convento.

— Aqui o meio é culto! – Observou um membro do grupo.

— De fato – acrescentou outro –, neste lugar a ciência não é patrimônio exclusivo dos sábios e dos filósofos, está diluída no ambiente.

Num dado momento, o grupo parou diante da confluência de dois corredores. A opção por um deles parecia ser totalmente arbitrária. Valente se adiantou para examinar melhor.

— Tudo aqui tem nome – disse. – Este corredor se denomina Alameda Prestes e vai dar no refeitório Trotsky; o outro corredor tem o nome de Alameda Stalin e leva ao Auditório F.H.C. Embora o primeiro nos seja mais familiar, sigamos a Stalin para chegar a F.H.C., uma vez que o encontro deve ser realizado no auditório.

— Tu tens certeza de que está tudo acertado com o superior? – indagou Valente a um membro do grupo.

— Embora não tenha sido muito receptivo, eu estou certo de que ele concordou com tudo.

Depois de algum tempo de espera no auditório, Valente resolveu interpelar um monge que passava sobre o paradeiro do superior da Ordem.

— Frei Constantino dispensa cinco horas diárias para seus exercícios, durante os quais ele não tolera ser incomodado – disse o religioso.

— É natural – disse Valente. – Os exercícios espirituais de Santo Inácio requerem todas as abnegações de um espírito ascético e a absoluta renúncia das preocupações do mundo.

— Não! Não! Não é isso que eu quis dizer. Só me faltava essa! O que eu disse é que Frei Constantino está "puxando ferro", na companhia de alguns marombeiros, monges também.

Não era bem isso que Valente queria ouvir. Como reagiria um monge marombeiro ante as ideias inovadoras de um grupo conservador?

A essa altura, depois de tanto esperar, o grupo já se preparava para abandonar o convento, quando apareceu Frei Constantino. Alto, forte e falador, os olhos bem vivos e sempre com um sorriso nos lábios, este era o Superior, em quem os visitantes depositavam a expectativa de que sua mensagem seria ouvida e acolhida pela generalidade dos monges. Frei Constantino parecia disposto ao debate. Dir-se-ia que naquele corpo gigantesco habitava uma alma agitada, propensa à polêmica e às questiúnculas mundanas.

Depois de um breve diálogo com Valente, o Superior determinou que soassem seis badaladas no sino interno, que era o sinal para a realização da assembleia geral no auditório. Ninguém apareceu. Foi renovado mais uma vez e nada. O Superior, então, mandou seu secretário apurar o que estava acontecendo. Algum tempo depois, o secretário voltou e, chamando o frei à parte, murmurou no ouvido dele a razão da ausência geral. Assumindo um ar de quem se confessa culpado, Frei Constantino se voltou para Valente e disse:

— Desculpe-me, a responsabilidade é toda minha. Por ocasião de nossa conversa telefônica, eu deveria ter lembrado que o dia de hoje seria um dia especial para o convento, um dia em que todos os monges se recolhem em suas celas, em absoluto silêncio, e ali se deixam contagiar pela arrebatadora alegria que invade suas almas. Não é hoje o dia certo para vocês estarem aqui.

— Posso imaginar que é o dia do santo padroeiro da Ordem. Nesse caso, nós é que temos de nos desculpar, pois poderíamos ter previsto que num dia tão santificado, os monges devem ficar em permanente oração, rendendo graças e louvores em homenagem ao santo patrono.

— Não se trata disso, na verdade. Nossa vigília se deve a um fato extraordinário: depois de 48 horas ainda está rolando a prova do líder, e hoje se formará o último paredão do BBB. Por esse motivo, eu tenho que dispensá-los para não perder os momentos finais dessa eletrizante competição. Da próxima vez teremos o prazer de conversar sobre a maravilhosa obra ecumênica de Leonardo Boff.

Desapontados, os sete homens deixaram aquele lugar extravagante, mas não sacudiram a poeira dos pés.

Durante três dias seguidos, os dois grupos exerceram um incansável ministério apostólico, que cobriu vários bairros da cidade. Na noite do último dia, todos se reuniram numa praça, sob o clarão de uma Lua radiosa, para fazer um balanço geral do trabalho realizado. Era evidente que as decepções superaram as conquistas, e isso seria um motivo de abatimento para a generalidade dos membros não fosse a pronta intervenção de Malvino.

— Meus amigos! – disse ele. – Não tenho as palavras adequadas para expressar a minha gratidão por tudo que foi feito, corajosamente, nestes três últimos dias. Quero dizer que a vitória foi completa. Os desenganos, sei que os houve, correm por conta dos parvos renitentes, não pela insuficiência de nosso esforço e determinação. O Evangelho nos diz que a cizânia está misturada ao trigo, assim, teremos de pregar para muitos a fim de que alguns nos ouçam. Não são raros os viciosos neste país, não só porque perseveram no vício, senão porque querem generalizá-lo. A nós cabe resistir, para que com a força do nosso exemplo os indecisos façam outro tanto. Não esperem, pois, que os reptilianos escutem a nossa voz. Eles padecem de um déficit radical de inteligência e de vontade que os incapacita a apreenderem a verdade e se conformarem ao bem, devido a manipulações genéticas e oblações cerebrais. Segundo um especialista que examinou vários militantes de esquerda, no lugar da parte cerebral removida forma-se uma bolsa de ar, que é comprimida todas as vezes que um esforço de raciocínio pressiona o cérebro, liberando gases que descem pelo corredor nasal e são expelidos pela boca, como se fossem peidos verbais. Trata-se, com efeito, de um processo doloroso, que inibe a formulação de raciocínio lógico e a percepção das conexões causais. Aristóteles disse que há homens que nascem naturalmente escravos; pois que sejam, contanto que não pretendam nos impor pela força a sua escravidão.

Já era tarde da noite quando os dois grupos se tornaram um só em torno do sentimento do dever cumprido e da expectativa de que poderiam ir mais longe.

A APARÊNCIA
E A COISA EM SI

Nada mais estranho que o caso do Sr. Fonseca, um funcionário público aposentado que se dedica atualmente ao esoterismo. É estranho, primeiramente, que um homem nasça com tão portentosa memória fotográfica, mas, a rigor, isso pode acontecer. O inconcebível é que, de posse de um dom tão raro, esse homem viva de acordo com ele. Para o Sr. Fonseca, tudo é negativo em um universo que é cópia de uma realidade inacessível à percepção dos sentidos.

Levado pela admiração, Malvino apresentou o Sr. Fonseca aos seus inscritos.

— Quem é o vilão da *Lava Jato*: o Lula ou a Justiça que o condenou? – perguntou um inscrito.

— Para o entendimento superficial dos homens, que se move entre as cópias negativas da realidade, o Lula é o responsável pelos crimes que lhe imputaram. Considerando, porém, o plano da *coisa em si*, o Lula é a vítima de uma Justiça cruel e implacável.

Depois, fechando maliciosamente um olho, acrescentou:

— E o PT também...

Ao cabo de alguns minutos, todo mundo estava maravilhado com o prodígio, mas ninguém queria dar-se por vencido, de modo que era necessário defender a incredulidade geral de alguma maneira. Tinha que defendê-la porque o reconhecimento do prodígio transtornaria por completo a ordem das ideias e o resultado da experiência universal. Se o Sr. Fonseca, com efeito, não é um farsante, um charlatão ou um prestidigitador, então este mundo não é o mundo que ordinariamente conhecemos. Então não vivemos na Terra, mas na cópia de algum planeta, num país de magia e de maravilha, onde devemos abandonar toda preocupação e recusar-nos a pagar o IPTU. Malvino, com o intuito de embaraçar seu convidado, perguntou-lhe:

— É certo dizer que o queijo atrai o rato?

— É o que nós vemos normalmente com o sentido precário da visão. Todavia o que realmente acontece é bem diferente do que percebemos. Na verdade, os queijos produzem ratos. Nisso, a Idade Média tardia tinha plena razão, quando negava a propriedade atrativa do queijo para conceder-lhe a de produtora de ratos.

O Sr. Fonseca fundamenta sua argumentação pela síntese do kantismo com o esoterismo:

— Quando as nossas noções e conceitos *a priori* são afetados pela *coisa em si*, produz-se o fenômeno que vem a ser, em poucas palavras, algo como o negativo fotográfico do *nômeno*, ou seja, precisamente o contrário da *coisa em si*. O vulgo não se dá conta jamais do que está por trás das aparências. Felizmente, há mentes geniais que não se deixam seduzir pelas ilusões dos sentidos, nem formulam juízos com base nelas exclusivamente, senão que o fazem escorados nos dados subministrados pela *coisa em si*, por meio do que livremente denomino de intuição transcendental. Um desses gênios — prosseguiu o Sr. Fonseca — é o jornalista Rodrigo de Almeida, que, utilizando o método que preconizo, disse:

> "O capitão é um perigo real porque está além de uma aberração. É porta-voz de uma parcela da sociedade vocacionada para a opressão e o preconceito".

— De fato — acrescentou o convidado de Malvino —, a bravura, depois de tudo, não consiste em afrontar perigos imaginários, mas reais. Se eu vejo na rua um cão que se dirige a uma senhora e, atribuindo a esse cão a ferocidade de um tigre, interponho-me entre a senhora e ele, nem por isso sou mais bravo que um domador de tigres, que costuma brincar divertidamente com essas feras, supondo nelas a mansidão dos cães. Claro que essa argumentação está um pouco forçada e que o verdadeiro bravo não é o que considera tigres os cães, nem o que considera cães os tigres, mas o que, conhecendo intuitivamente o animal que tem em frente, afronta um perigo que existe no âmago da *coisa em si* kantiana.

— São raros os homens que pensam em conformidade com a *coisa em si*? – perguntou Malvino.

— Bem raros – respondeu o Sr. Fonseca. – Oscar Wilde dizia que o pensamento deforma as feições. É por isso que o populacho não quer pensar, prefere limitar-se às aparências das coisas, ao fenômeno.

— Dê exemplos, por favor, de homens geniais que utilizam o método do intuicionismo transcendental, com vistas a atingir a *coisa em si* pela inversão da percepção dos fenômenos.

— Eu citaria dois ministros do STF. Ambos fizeram declarações transcendentais, arraigadas no terreno nomênico que subjaz à flutuação das aparências fenomênicas. Só a lucidez de um gênio pode vislumbrar as verdades que se escondem na *selva selvaggia* das percepções vulgares, de modo a desembaraçá-las destas últimas e mimoseá-las gratuitamente à plebe ignara. Um exemplo de grande lucidez temos numa declaração do ministro Celso de Mello, segundo a qual o Brasil é comparável a Alemanha nazista. A que profundidade pode chegar o pensamento quando alforriado das amarras do fenômeno! Quanta sabedoria contida em meia dúzia de palavras!

— Perdão! Mas o nosso presidente é amigo de Israel e dos judeus!

— Você vê isso e disso dá testemunho porque o seu julgamento se baseia nas aparências, ou melhor, nos fatos que seus olhos veem. Enquanto você não superar esse escolho epistemológico, seu critério de verdade serão os fatos que você vê e presencia.

— Que outro exemplo o senhor tem ainda a nos dar?

— Não vou dizê-lo senão porque você e os seus inscritos são dignos de escutá-lo. Poucas vezes o pensamento errou por regiões tão etéreas a ponto de se desligar das sombras da aparência para ferir em cheio a verdade no seu ebúrneo pedestal. Nem eu mesmo, homem afeito à *coisa em si*, tive jamais a clarividência suficiente para fazer uma afirmação comparável à que fez o ministro Luís Roberto Barroso, que, é claro, chocou a patuleia, mas fez estremecer de gozo santo a totalidade dos gênios das letras e da filosofia. Ainda me lembro, não sem antes experimentar um inefável sentimento de vertigem, as suas palavras e até mesmo a entonação com que foram proferidas. "Estou convencido", disse ele, "que Hugo Chávez era de direita! Ponto". Perdoem-me, mas não vou prosseguir. Agora me retiro para deixar bem vivo na memória dos seguidores desse canal o registro desse exemplo de sabedoria vindo de um sábio compatriota, a quem devemos imitar, mas sem a pretensão de querer jamais igualá-lo.

O Sr. Fonseca despediu-se de Malvino e, com lágrimas nos olhos, dispôs-se a comparecer ao escritório para dar mais explicações sobre a sua filosofia.

14

O FIM DE UM JUIZ MALVADO

Numa tarde, perto já das cinco horas, um parlamentar entrou esbaforido no gabinete do juiz Waldemar. Trazia notícias que pareciam ser preocupantes para ele e não muito auspiciosas para o magistrado.

— Bebe um copo de leite — disse o juiz. — Não há nada melhor para acalmar o espírito.

O deputado bebeu o leite e, mais calmo, passou a relatar o que chamou de "ameaça de um desastre".

— Tenho até repugnância em dizer tal infâmia, mas devemos nos precaver contra algumas posturas inovadoras patrocinadas por um grupo majoritário na Câmara. Ele sustenta que o Legislativo é um poder independente e, inclusive, que é maior que o Judiciário quando se trata de fazer leis.

— O quê?! — exclamou Waldemar. — Esses canalhas têm a desfaçatez de afirmar que o poder deles é mais poderoso que o meu poder?

— Já ouviste absurdo maior do que esse? A quem pode ocorrer que o Legislativo seja tão independente e poderoso quanto o Poder Judiciário? — indagou o parlamentar.

Waldemar, transtornado, dava voltas na sala, imaginando o que deveria fazer diante daquela calamidade. Disse então:

— Se essa moda pega, o nosso projeto político vai pro brejo! Já sei o que vou fazer. Um poder não se demonstra com palavras, mas com atos. Ainda hoje vou baixar um decreto investigatório contra esse blogueiro Malvino e seus cupinchas, por terem espalhado *fake news* em universidades, escolas, conventos etc.

— Cuidado, Waldemar! Esses atos configuram exercício da liberdade de expressão. Além do mais, não há lei que defina as *fake news* como crime.

— Tu não vieste aqui, de tão longe, para fazer a defesa de uma chusma de bandidos como essa, ou veio?

— Não! – respondeu o deputado. – Na verdade, eu ignorava que o blogueiro necessitasse do meu auxílio nessa disputa. A única coisa que eu me proponho é que não sejam transgredidos princípios básicos e que se aja em consequência para não atrair a condenação da opinião pública. Afinal, as eleições estão às portas.

— Estás muito enganado! O poder só se prova pela transgressão de normas vigentes. Se eu, portanto, quiser provar que sou poderoso, tenho que começar provando que posso afastar normas que não convenham ao atingimento dos meus objetivos. E o meu objetivo, nesse caso, é dúplice: submeter o Legislativo e perseguir o blogueiro e sua corja.

— Lembra-te que há muitos pedidos de *impeachment* contra ti que não andam. Mas se tu exageras...

— Pois que os acolham, e eu destruirei todos os que votarem contra mim. Isso é ser independente e ter poder.

Nessa mesma tarde, Waldemar cumpriu cabalmente o que havia prometido ao parlamentar. Determinou a busca e apreensão de tudo o que fosse, a seu juízo, instrumento do crime nos escritórios e residências dos acusados, e que fossem apreendidos, também, cafeteira, cortinas e capachos para suprir o seu gabinete.

A diligência se realizou na manhã do dia seguinte. Malvino, Valente e os demais investigados foram tomados de espanto e indignação.

— Isso é o cúmulo do arbítrio! – disse Valente. – Nunca a estupidez foi tão cruel!

— A que ponto chegou a Justiça neste país! – disse Malvino. – Amanhã, essa arbitrariedade será desmascarada na imprensa. A A.B.I., certamente, condena-la-á energicamente e toda a mídia pugnará pela liberdade de expressão, assim como o fez em favor do Intercept.

Enquanto isso, Waldemar se gabava por ter demonstrado o seu poder, e para que a Câmara soubesse que nada nem ninguém lhe podia opor, ligou para o seu presidente, com tom provocador:

— Que te parece agora, meu amigo, o meu poder? Posso ou não posso fazer o que eu tenho vontade? Queres, ainda, desafiar a minha autoridade?

— Ah, meu caro! Essa foi uma brincadeira bem terrível e, talvez, amarga! Queira Deus que não tenhas ocasião de te arrepender... Passados alguns dias, nenhuma manifestação de solidariedade houve quer da mídia, quer da A.B.I. Os investigados continuavam privados de seus meios de trabalho e de sobrevivência. Não bastava, porém, acusá-los, eram necessárias provas ou, ao menos, coisa que a elas se assemelhasse. Como, por falta delas, o processo caminhava vagarosamente, Valente impetrou um *writ* junto à Corte Internacional, denunciando a autoridade coatora e suas arbitrariedades, cuja peça inicial terminava assim:

> "Por esta forma se zomba da liberdade dos opositores políticos, inventando pretextos para perdê-los, e dando, para isso, ouvidos a qualquer intrigante que queira arruinar um inimigo ou um rival que lhe faz sombra no mundo. Se a autoridade coatora é inexorável para as pessoas de bem, é sempre o mais condescendente para os grandes ladrões e para todos esses altos e poderosos senhores que têm o mau hábito de considerar os bens públicos como próprios ou como propriedade a conquistar. Tem-se perguntado — e ainda se pergunta —, em nome do direito, por que ódio à verdade ou por que horror à inocência, se nega ao acusado o direito natural e sagrado de defender-se? Por que se admite o delator no número das testemunhas, dispensando-o de provar o que diz e permitindo-lhe que dirija seus golpes, como um vil assassino, à sombra e debaixo do manto do próprio juiz? Esse modo de inquirir e processar, esse aparato de iniquidade, essas prisões, esse silêncio sepulcral, e todos os laços da astúcia e da mentira para surpreender ou amedrontar um infeliz, abandonado à calúnia e ao arbítrio mais infame do que os mais detestáveis excessos de políticos tiranos, porque provêm do Judiciário, há de encontrar uma barreira moral nessa Colenda Corte que faça

conter o impetrado, o qual, se tivesse poder como tem vontade, mandaria o impetrante para o patíbulo".

A decisão da Corte não se fez muito esperar. Dizia ela: "A turma concede o *writ* para recomendar ao juízo competente que se pronuncie favoravelmente ao impetrante, reconhecendo a inconstitucionalidade do ato impugnado e a nulidade da medida de busca e apreensão".

Essa decisão não só tranquilizou os investigados e seus confrades como teve consequências imprevistas e inesperadas para todo o país. Graças a ela, alguns parlamentares pressionaram no sentido de que fossem encaminhados para apreciação e julgamento os pedidos de *impeachment* contra Waldemar. Assim foi feito. Waldemar, pela primeira vez, experimentava a sensação de desespero de se sentir impotente. Era-lhe preciso urdir de antemão alguma trama infernal para escapar ileso do laço inimigo que cada vez mais se estreitava. Mas como urdi-la se todos agora lhe viravam as costas e não havia mais cúmplices para executar seus crimes?

Nesse meio tempo, da decisão da Corte, ou, antes, do libelo que nela havia, aproveitou-se o Ministério Público para denunciar Waldemar por crime de abuso de autoridade. No primeiro dia em que foi chamado ao Tribunal, e em que se viu sentado no banco dos réus, o soberbo juiz não pôde conter a sua indignação e, apontando para os seus cabelos brancos, exclamou, correndo-lhe as lágrimas pela face:

— Eis aqui, enfim, a recompensa de quarenta e cinco anos de serviço à pátria!

E não parou aqui a sua irresignação. Convencido de sua probidade, atacou violentamente os juízes, as testemunhas e o membro do *Parquet*, mas como é fácil de se presumir, esse desafogo pretensioso, em vez de melhorar a sua sorte, muito mais a agravou.

Waldemar, finalmente, cercado de inimigos determinados a perdê-lo, viu, então, quanto melhor lhe teria sido ter granjeado amigos em vez de comparsas. Enfastiado da vida, caído em uma profunda tristeza, teve a ideia de acabar violentamente com ela, com um disparo no peito, que o prostrou pesadamente no chão.

Assim terminou, melancolicamente, a história de um juiz malvado, que tinha a pretensão de se sobrepor a quem devia respeitar e a favorecer a quem devia reprimir.

15

TURISMO EM BRASÍLIA

Um turista desavisado é aquele que, em visita a Brasília, permanece extático, com a boca aberta, na Praça dos Três Poderes, apreciando a arquitetura monumental da República. Foi o que aconteceu precisamente com Valente quando, pela primeira vez, visitou a capital do país.

— Não é isso que tens que admirar! – disse-lhe Malvino –. Fazes-me lembrar do guia de museu que se dirigiu a um turista desavisado e disse: "Permita-me chamar sua atenção sobre esta tela de Caravaggio". O turista tinha sua atenção concentrada numa porcaria de um pintor local. Assim que advertiu seu erro, corrigiu-o imediatamente: "Por favor, o que é que eu tenho que admirar?".

Malvino passou, então, a explicar ao amigo que a arquitetura de Brasília era originariamente bela e harmônica, mas, por um efeito deletério chamado endoagressão galopante, as formas externas se corrompem e passam a exprimir a desordem do que vai dentro.

— Veja, por exemplo, o STF. Sua base expressa intensa fragilidade, transferindo para o teto o peso da construção, o que denota uma inversão de papéis ou de valores, ou seja, a usurpação de uma função por outra, de vez que o teto, em qualquer caso, não pode servir de base, nem esta pode funcionar como cobertura.

Malvino continuou desenvolvendo o seu tema:

— Observe agora o Congresso Nacional. Na origem, ele era alvo como os lírios do campo. De uns tempos para cá a endoagressão galopante tem provocado rachaduras, manchas irremovíveis e um odor fecaloide, devidos, principalmente, aos miasmas que são abundantemente exalados após cada seção do plenário.

Já no interior do Parlamento, os dois amigos procuravam respostas para tanto esplendor e ostentação.

— Como é possível — perguntou Valente — que uma representação derive de uma relação tão desigual? É crível que um povo miserável tenha representantes abastados e tão dispendiosos?

— Aqui neste recinto a lógica é frequentemente desmentida pela política. Lá fora quem presta serviços é economicamente inferior a quem o paga; aqui dentro, ao contrário, quem paga é quem obedece e é tapeado. Antes de ser investido no cargo de representante do povo, ninguém provavelmente se orgulharia em receber em sua própria casa um desses indivíduos que se vendem ao diabo para se eleger. Depois de eleitos, eles se tornam intangíveis, intemeratos e paradoxalmente respeitáveis. Queres saber a causa dessa mudança? Pois bem! Ela não se deve a um aperfeiçoamento moral do parlamentar, que continua sendo tão velhaco quanto antes. Corresponde a uma conquista da engenharia eletrônica chinesa, derivada da tecnologia 5G, que permite ao usuário despertar, num raio de 500 metros, um sentimento generalizado de respeito e admiração. O Gabigol usava um desses dispositivos quando o Witzel se ajoelhou para cumprimentá-lo. O fabricante recomenda moderação no ajuste da frequência para que o respeito não se transforme em subserviência e até mesmo em adoração, como foi o caso do Lula, que engatilhou o aparelho. Ele pode ser usado na gravata, na pulseira do relógio, na gargantilha ou num pequeno broche. Certas vezes pode ocorrer que, por falta de manutenção regular do dispositivo, determinados delitos sejam atribuídos ao parlamentar, por culpa exclusiva dele, que, certamente, não leu o manual de instrução. O fabricante assegura que se for observado passo a passo o manual, a impunidade estará garantida.

— Eu temo que essas tecnologias chinesas, com a responsabilidade, suprimam também o voto — desabafou Valente.

— Se o voto for banido, ninguém sentirá sua falta. Com ele, o povo é governado pela mesma gente que o governaria sem ele. Os parlamentares, por sua vez, seriam indiferentes à sua supressão, desde que pudessem continuar se beneficiando da honorabilidade que lhes confere o dispositivo chinês, indicado que é tanto para democracias liberais quanto para ditaduras populares. O uso continuado dele imprime no parlamentar um sentimento comparável ao de uma donzela que entra num convento. Logo que coloca no peito o dispositivo, o nosso representante assume ares de respeitabilidade, de quem despreza as veleidades do mundo. Seu dispositivo é o seu refúgio. É o asilo onde sua alma de parlamentar não é turbada por nenhuma investigação, nenhum processo, por nada que careça, para ele, de um grande interesse político. Que seria do parlamentar sem o seu dispositivo chinês? Seu aparelhinho está tão identificado com a sua segurança pessoal que, ao retirá-lo, crê-se ameaçado de prisão ou condenado a ela, até que se lhe restitua a venerável prenda, quando se abre, novamente, a oportunidade de praticar impunemente toda sorte de estupidez, como aquela de zombar da bandeira nacional sob os olhos estupefatos de uma nação inteira.

16

UMA ENQUETE POLÍTICA

Numa dessas tardes de domingo, quando a melancolia assalta os espíritos mais enérgicos, ocorreu a Malvino fazer uma enquete sobre qual seria o regime político vigente no Brasil. "Não vale, disse ele aos seus seguidores, o que está escrito na Constituição, pois o texto constitucional normalmente doura a pílula para que o remédio se torne menos intragável. De fato, se a Constituição cubana diz que Cuba é uma democracia, acrescentou, assim como a nossa também o faz, isso se deve a que ambas empregam esse termo substantivamente, ou seja, dizem-nos que Cuba e Brasil são democracias determinadas, mas nada dizem sobre a democracia. Elas conhecem o substantivo, mas não conhecem o adjetivo; sabem, portanto, que algo é uma democracia, mas não sabem dizer se alguma coisa é mais ou menos democrática. Os americanos, pelo contrário, costumam ser bastante democráticos. Consequentemente, encaixam bem no adjetivo, que é o que tem importância. Que importa o substantivo? Que importa a letra da Constituição quando o adjetivo representa o seu espírito?"

— Por ocasião da instalação da Assembleia Constituinte — referiu um inscrito anônimo — houve três correntes que buscavam uma solução para estruturar normativamente os poderes da República. Com base no teorema chamado Ótimo de Pareto, a primeira defendia a harmonia entre os poderes, com preeminência do Judiciário; a segunda, por considerações meramente corporativistas, sustentava a supremacia do Legislativo; a terceira, fiel às tradições socialistas, punha a ênfase no Executivo. Surpreendentemente, a primeira venceu. De lá para cá, o Legislativo e o Executivo conservam a denominação de *Poder* ou como força de expressão ou por mera tradição constitucional, de modo que todas as decisões desses dois "poderes" devem passar por um filtro constitucional privativo do Poder Judiciário. Dada a elevada função deste último para a normalidade republicana, seus membros são cercados de muitas garantias, todas elas fundamentadas em uma lógica rigorosa, a demonstrar a superioridade esmagadora da Corte Constitucional sobre todas as Instituições e sobre todas as leis. É claro que há juristas desatentos que ainda proclamam a igualdade de todos perante a lei e dão como exemplo a investigação da Receita Federal contra alguns ministros da Corte. Isso não prova nada, a não ser que ainda há entre nós um resquício do constitucionalismo anterior, totalmente ultrapassado, somado a uma ignorância jurídica imperdoável do servidor público. Felizmente, o presidente do Tribunal corrigiu a ilegalidade e trancou a investigação.

— Quem é? – perguntou Malvino. – É uma pena que Valente não esteja aqui para dialogar com você!

— Não importa quem sou eu – respondeu o anônimo. – Tenho qualificação técnica para sustentar o que digo. O Tribunal jamais agiu contra os partidos de esquerda ou contra o MST. Por quê? Porque essas instituições são pacíficas e respeitadoras da ordem pública.

— Diga-nos, ao menos, sua profissão!

— Sou professor universitário, com muita honra!

Afortunadamente, a intervenção do professor anônimo terminou aqui. Deu-se por satisfeito com a polêmica que suscitou e retirou-se.

Estava aceso, porém, o debate acerca da relação harmônica entre os poderes constitucionais. Seria uma relação de subordinação ou de coordenação a que existe entre eles?

— Segundo o critério que privilegia o adjetivo frente ao substantivo – disse Malvino –, cabe-nos apurar se a Corte invadiu competência alheia à sua, seja para legislar, seja para executar as leis. Quem arrisca algum exemplo de usurpação de competência?

— O Tribunal, quando criou um tipo penal por analogia – a homofobia –, inovou a ordem jurídica com uma lei formal – disse um inscrito.

— O Tribunal considerou, por vezes, inválidos atos discricionários do presidente da República – arguiu outro.

— Com efeito – explanou um terceiro –, as hipóteses são plausíveis, mas a conclusão parece-me forçada. Não pode haver usurpação quando quem "usurpa" é um superpoder reconhecido constitucionalmente, como ficou demonstrado anteriormente, cujas atribuições absorvem as de quaisquer outros órgãos, instituições e agentes públicos, precisamente porque a Corte Constitucional é o Oráculo da Constituição, é um Poder Constituinte vivo, que jamais dorme ou se cala, e que esmaga com seus pés sacrossantos a quem quer que venha disputar o poder supremo da nação.

Malvino não ficou convencido das razões de seu seguidor, mas preferiu esperar por Valente para ouvir a opinião dele a respeito.

17

A VISITA DE UM GLOBALISTA

"Na floresta da Germânia, descrita por Tácito, umas hordas louras, chefiadas por Hermann, venceram outrora os soldados de Roma. 'Se Hermann não tivesse ganhado a batalha – diz Heine –, nós seríamos agora romanos. Em nossa pátria reinariam, atualmente, a língua e os costumes de Roma. Haveria vestais até em Munique; os suavos se chamariam *quirites*. Massmann falaria latim e se chamaria Marcus Tullius Massmannus. Os mártires da liberdade lutariam com os leões, as hienas e os chacais no circo, em vez de enfrentar cãezinhos na imprensa jornalística. Mas Hermann venceu – acrescenta o poeta –. Nós continuamos sendo alemães e falamos alemão. O asno se chama asno e não *asinus*. Os suavos continuaram suavos...!'".

Há algo de trágico nessa eventualidade histórica referida por Heine. Uma só batalha decidiu a sorte de uma nação e de milhões de vidas. Percebe-se, por entre as geniais comparações do autor alemão, um certo *frisson* que acompanha o relato, como se o epílogo da batalha ainda tivesse que ser travado. Dir-se-ia que uma parte mínima de Heine ainda temia tornar-se romana ou deixar de ser alemã.

Essas reflexões assaltavam Malvino nos dias que antecederam à vinda ao Brasil de um agente globalista que vinha expor às autoridades brasileiras, ao empresariado e à mídia, as vantagens da nova ordem mundial, comparativamente a qualquer modelo social vigente. Malvino sabia que essa visita seria uma medida preparatória da invasão final e irreversível, como já ocorrera em diversos países, caso a população não se desse conta do perigo e não agisse. Ele estava convencido de que essa batalha teria que ser vencida, caso contrário perderíamos nossas leis, nossos costumes, nossa religião, nossa nacionalidade, nossa soberania e nossa liberdade.

Malvino, Valente e muitos inscritos no canal passaram a informar a população do perigo que se avizinhava, via *WhatsApp*, vídeos, panfletos e até comícios, como medidas extremas e preventivas de uma iminente catástrofe.

Chegou, enfim, o dia da palestra do emissário da ONU. Uma plateia imensa o aguardava. Malvino e os companheiros, que montavam cerca de vinte indivíduos, sentaram-se no meio do auditório. O palestrante ocupou, então, a tribuna. Era um homem apessoado, muito agradável e elegantemente vestido, que, dentre várias virtudes comunicativas, falava fluentemente o português. Disse ele:

— Desconfia dos muros construídos ao preço da sua felicidade, onde vivam apartados como o rato de Lafontaine dentro do queijo, indiferente do que vai lá fora. De que vale arrancar o brilho ao egoísmo individual e lançá-lo em outro egoísmo? Que outra coisa é a pátria, senão a nossa personalidade aumentada? Cantá-la, não será cantarmo-nos a nós mesmos? Não cantem a Alemanha, nem a França, nem o Brasil. Cantem a humanidade inteira! Para que servem seus hinos patrióticos, senão para dividir o mundo em campos opostos? Cada um repete o seu sob uma bandeira própria, em vez de repeti-lo sob o céu que é comum a todos. As suas glorificações são, pois, insultos; os seus impulsos patrióticos, gritos de ódio. Queda-se a simpatia diante de uma fronteira traçada pelo asar da espada: estes são amigos seus; aqueles, seus inimigos! E, todavia, de uma ou de outra parte, todos são homens portadores de idênticas faculdades, sujeitos a iguais necessidades. Olhando-os no rosto, são reconhecidos semelhantes, mas, à vista de um passaporte, a mão que se estendia para cumprimentar ergue-se para ferir.

Nesse momento, uma gangue de militantes socialistas, excitada por um agitador desequilibrado, começou a rasgar a bandeira nacional. E gritavam descontroladamente: "Abaixo a pátria! Abaixo a pátria!". Serenados os ânimos, o conferencista prosseguiu.

— Ferozes rivalidades que mantêm entre os homens ferinos instintos, à semelhança do tigre que, furioso, marca o seu território. A pátria tem sido até hoje um desses ídolos em cujos pés a humanidade sacrifica as mais belas virtudes. Não me peçam, pois, aplausos aos seus cantores! Que me importa o poeta de uma nação quando é o poeta da humanidade que eu quis ouvir!

Aqui o palestrante concluiu seu discurso. O entusiasmo dos militantes socialistas contagiou boa parte da plateia. Uns choravam, outros se abraçavam, outros ainda gritavam em coro: "Somos todos iguais!", "A Amazônia pertence ao mundo!", "Deixem o Carnaval levem o resto!".

De repente, o mediador pediu silêncio. Havia chegado o momento das perguntas. Malvino se antecipou aos demais e começou a falar para o público.

— Será, pois, uma terra como todas as terras aquela onde vimos a luz do dia, onde crescemos, aquela que nos deu as primeiras impressões, a língua, os hábitos, tudo o que completa o homem? O mesmo será dizer que nossa mãe é simplesmente uma mulher como todas as outras e de quem por acaso nascemos.

Os sociopatas esquerdistas se rebelaram e começaram a vaiar e a gritar: "Pau na pátria!", "Pau na família!". O mediador interveio. O silêncio foi restabelecido e Malvino continuou a falar.

— Os primeiros gregos presumiam-se nascidos do mesmo solo que cultivavam. Não será essa crença um símbolo para todas as nações? Não podemos dizer que cada uma nasceu da sua terra, que a ela está ligada por mil invisíveis raízes e que lhe produz, de algum modo, um temperamento particular? As nações são como plantas apropriadas ao solo e à atmosfera que as produziram: cada uma ocupa seu lugar, desempenha seu papel necessário, realiza sua evolução, adquire um perfil, um gênio próprio. Que se alterem suas personalidades, confundam-se as nações, perder-se-á, então, o perfil; daí não haver identidade possível nesse grande concerto dos diversos gênios nacionais. A distinção entre os povos é tão indispensável como entre os indivíduos se quisermos conservar em cada grupo humano seus instintos e capacidades especiais. Certamente que essa distinção pode degenerar em rivalidade, mas a multiplicidade das relações e a reciprocidade dos interesses, pouco a pouco lhe quebrarão os ímpetos. Tentar substituir a humanidade à pátria é querer que uma pura idealidade substitua um instinto, que as especulações da lógica prevaleçam sobre as solicitações do coração e sobre as nossas recordações. Hoje, o homem dá-se espontânea e instintivamente à pátria, à humanidade só se dá pela reflexão e por imposição da virtude. É preciso haver, no maior número dos deveres, uma afeição involuntária, um alvo ao alcance dos espíritos e dos braços curtos. A realização da globalização, em detrimento da pátria, supõe um mundo de sábios estoicos familiarizados com as mais complexas fórmulas da moral, não a multidão, ignorante e instintiva, que será sempre a multidão. Querendo estender mais longe o sentimento da solidariedade e do amor, arrisca-se a amortecê-lo. Acreditem-me, a grande educadora dos corações ainda é a pátria e é, sobretudo, ela quem mantém as tradições da coragem, da paciência e do sacrifício, que formam os heróis e os santos.

Para Malvino e seus companheiros não importavam as vaias que ecoavam no recinto, nem os gritos que feriam os ouvidos do público presente. O que mais importava agora era o sentimento do dever cumprido, era o tributo que a posteridade lhes pagaria pelo gesto de grande ousadia e patriotismo.

18

LEILÃO DE NAÇÕES

O palestrante ficou muito entusiasmado com a *performance* de Malvino e quis conhecê-lo. Sentaram-se ali mesmo, no auditório, e iniciaram uma conversação descontraída, em que um esgrimia a verdade e o outro intentava mascará-la.

— A internacionalização da sociedade humana é uma tendência inelutável – disse o palestrante. — Pense no avanço tecnológico que a humanidade atingirá quando formos poucos, quando não houver mais pobreza nem riqueza, quando os homens, liberados das preocupações familiares, profissionais e religiosas, trabalharem, pensarem e agirem sob a orientação de um só governo e de um só chefe. Será inaugurada, então, a civilização de Aquário, a civilização do terceiro milênio, em que os homens desterrarão os sentimentos como coisas vis e incompatíveis com uma civilização racional e materialista.

— Meu caro – respondeu Malvino –, tudo isso não tem nada a ver com a civilização no sentido que eu dou a essa palavra. Eu entendo por civilização a arte de amar, conversar, aprender, conhecer e se relacionar. Vocês sabem muita ciência, não o nego, mas carecem de civilização.

De repente, um estrondo. O conferencista tossiu com todas as forças de seu pulmão. Era sua maneira de pigarrear. Malvino prosseguiu com seu tema.

— As rodas da civilização giram lentamente. Assim como um homem não é verdadeiramente humano e não alcança sua plenitude vital senão quando envelhece e adquire o hábito da prudência, assim tampouco uma civilização pode ser perfeitamente civilizadora em sua juventude, a menos que se confunda civilização com tecnologia. Vocês têm o poderio, mas a civilização está no sul. Os latinos são mais civilizados que vocês.

Possuem a arte de viver bem. Sua música, sua filosofia, sua culinária, tudo é leve.

— Os homens atingirão o clímax de sua humanidade, ou seja, atualizarão todas as suas potencialidades não através do sentimento, mas exercitando a razão.

— Permita-me discordar. A civilização é uma coisa de sentimento. Os povos se educam mais pelos sentimentos de heroísmo, santidade, cortesia, do que pelos malabarismos do cálculo integral. Pode-se ter muito dinheiro e uma grande cultura e ser completamente um bárbaro. Eis-me aqui – acrescentou –. Eu não sei nada de física, de química, ignoro o cálculo integral e, contudo, sou um homem civilizado. E gosto de lutas marciais, esse esporte violento e sanguinário, e sou um homem civilizado. Não tenho canhões nem metralhadoras, nem sequer uma pistola automática, e, apesar disso, não se pode pôr em dúvida a minha civilização. No hemisfério sul há muita gente que não sabe ler nem escrever, mas que tem o sentimento civilizado. Vocês, ao contrário, civilizaram sua cabeça e seus músculos, mas não seus sentimentos e seu coração.

— Admiro a sua combatividade, mas não posso aceitar a sua conclusão. Se a superioridade da civilização latina fosse um fato, restaria sem explicação um evento que ocorrerá ainda este mês em Genebra, quando serão leiloados seus países da América do Sul e alguns outros da África e da Ásia, que serão administrados pelos arrematadores em nome da Nova Ordem Mundial.

Dito isso, o palestrante levantou-se, cumprimentou Malvino e partiu, sem sequer dar a este o ensejo de obter mais informações sobre o aludido leilão. Malvino ficou intrigado com o que ouvira da própria boca de um agente da elite globalista. Urgia conseguir esse informe rapidamente e a qualquer preço, face à exiguidade do tempo para agir. Não foi uma tarefa tão difícil assim como a princípio se pensava, considerando que os seguidores de Malvino, que eram milhares, dispuseram-se todos os auxiliá-lo na busca de notícias que dessem conta desse evento em Genebra.

Ao cabo de três dias de uma investigação minuciosa, um inscrito no canal descobriu a data, o horário e o local preciso do leilão. Faltavam apenas cinco dias, tempo normalmente insuficiente para se obter vistos e conseguir passagens, mormente quando não se dispõe de dinheiro bastante. Mas querer é poder.

"Quando se têm os seguidores que eu tenho", pensou Malvino, "não se pode desanimar diante de uma dificuldade". Deveras, o que parecia ser um problema tornou-se uma razão a mais para promover uma sólida coesão do grupo em torno de uma resposta pronta e eficaz para a questão que parecia insolúvel. Ela apareceu. E, como sempre, pelos inscritos no canal. Eles se cotizaram e obtiveram recursos suficientes para a compra de cinco passagens ida e volta para a Europa e estadia em hotel quatro estrelas. É dizer: Malvino e Valente seriam acompanhados por três seguidores do canal, a serem democraticamente escolhidos por seus pares.

Chegou, enfim, o dia da partida para a Suíça. As tratativas e o plano da viagem começaram a ser elaborados ainda no aeroporto e prosseguiram durante boa parte do trajeto. Logo que chegaram à cidade de destino, foram imediatamente para o hotel. Estavam exaustos e tinham que se refazer da jornada, de modo a estarem aptos e descansados para o compromisso do dia seguinte em um hotel de luxo em Genebra.

No dia seguinte, chegaram ao local do leilão com alguns minutos de antecedência. O hotel era suntuoso. Seu *hall* de entrada deslumbrava a vista pela prodigiosa concentração de mármore e detalhes dourados; as poltronas e os sofás, todos em couro legítimo, distribuíam-se pelo imenso espaço por entre jarros de ramosas samambaias e arranjos de perfumadas flores. No centro da sala se alçava uma espécie de palco coberto com um veludo vermelho que continha gravado o nome do leiloeiro. Este chegou. Era um homem alto, esbelto, elegante e falador. Parecia ter o alemão como língua materna, mas dominava com fluência o inglês e o francês. Assim que foram distribuídos os catálogos, deu-se início à hasta pública, e o leiloeiro apregoou o primeiro lote.

— Lote 1. Vende-se a República da Libéria. 100.000 Km^2 de superfície: 4.000.000 de habitantes. Grande exportador de produtos tropicais, como o café, o marfim e a banana. Preço inicial: $ 10.000.000,00.

Ninguém levantou a mão. O leiloeiro esperou um pouco e partiu para outro lote.

— Lote 2. Vende-se a República de Cuba. 110.000 Km^2 de superfície: 12.000.000 de habitantes, mansos e pacificados. Foi o mais rico país da América Latina. Seu antigo dono negligenciou um pouco no cuidado com a Ilha, mas nada que uma boa guaribada não possa melhorar. País exportador de açúcar e charutos cubanos. Preço inicial: $ 50.000.000.000,00.

Alguns magnatas conferenciaram entre si, mas nenhum deles se pronunciou favoravelmente à arrematação. O leiloeiro voltou a falar:

— Lote 3. Vende-se a República da Nicarágua. 150.000 Km^2 de superfície: 6.000.000 de habitantes, muito ordeiros e submissos. Seu antigo dono também foi excessivamente desleixado, de modo que o arrematante, se houver, terá que fazer reparos significativos no país. Produz e exporta açúcar, café, madeira e coco. Preço inicial: $ 50.000.000.000,00.

O leilão prosseguiu sem que ninguém comprasse nada. Até que chegaram os lotes 31 e 32...

— Lote 31. Vende-se a República Bolivariana da Venezuela. 900.000 Km^2 de superfície: 29.000.000 de habitantes. Era um país rico, hoje é um país pobre, apesar de suas reservas de petróleo. O país ainda está ocupado por seu proprietário, que se dispôs a abandonar o território venezuelano assim que arrematado, a menos que o novo proprietário consinta que ele viva no país como exilado. A Venezuela está bem castigada e o seu preço leva em conta a possível existência de vícios redibitórios. País produtor de grãos e petróleo. Preço inicial: $ 100.000.000.000,00.

Houve um período de grande incerteza, até que um banqueiro se decidiu a comprar a Venezuela.

— Meus parabéns! O senhor fez um grande negócio! — exclamou o leiloeiro.

A expectativa agora estava concentrada no próximo lote. A Argentina era oferecida à venda e havia dois lances prévios ofertados: um pelo Húngaro, outro pela China. O leiloeiro, então, proclamou o lote:

— Lote 32. Vende-se a República Argentina. 2.800.000 Km^2 de superfície: 45.000.000 de habitantes. Um dos quatro países mais ricos e o primeiro mais culto da América Latina até a terceira década do século XX. A partir do peronismo, o país foi regredindo a ponto de se achar hoje na condição de país pobre e subdesenvolvido. A Argentina exporta carne, grãos e tango. Se os políticos forem banidos há uma grande chance de reerguimento do país platino. Há um lance de $ 150.000.000.000,00 e outro de $ 200.000.000.000,00. Alguém se arrisca a oferecer mais?

Ninguém ofereceu um lance maior e o leiloeiro bateu o martelo.

— A China comprou a Argentina. Que grande aplicação, meu caro! – Assim o leiloeiro saudou o arrematante.

Terminado o leilão, Malvino e Valente se apressaram em abordar o leiloeiro. Este último perguntou:

— Qual é a situação política dos países arrematados? Que poderes têm sobre eles o arrematante?

— As Câmaras continuam legislando, em aparência livremente; os cidadãos continuam crendo que a República é soberana e independente e que de sua vontade depende o curso dos acontecimentos. Não sabem que tudo o que eles acreditam possuir – vida, bens, direitos civis – depende, em última instância, de um estrangeiro desconhecido, que governa em nome e por conta da Nova Ordem Mundial. Amanhã, por exemplo, o arrematante pode ordenar o fechamento do Parlamento, uma reforma da Constituição e a suspensão do Poder Judiciário. Poderia, se quisesse, empurrar o país, que tem em suas mãos, a declarar guerra a uma das repúblicas limítrofes. Esses países arrematados são realmente governados por um grupo fechado de banqueiros e grandes especuladores, conhecidos somente por seus homens de confiança, que continuam exercendo com naturalidade a função que lhes foi delegada.

— E o Brasil? – perguntou Valente. – Corre o risco de ser leiloado?

— O Brasil é um caso atípico e mais complicado. Seu presidente, a exemplo do Trump, obstina-se em não permitir a integração do Brasil na Nova Ordem Mundial. A mídia bate nele, a esquerda, aliada da NOM, execra-o, até o papa o pressiona, mas ele não cede. Isso cria uma situação incômoda para a liderança mundial, que não quer usar a força. Já temos dois lances feitos antecipadamente para adquirir o Brasil, um dos quais eu considero imbatível: o da China. De qualquer modo, o grupo de *Bilderberg* se reunirá amanhã, em Lucerna, para definir a situação do Brasil. Pode estar certo de que amanhã teremos a data precisa do leilão de seu país, visto que o governo brasileiro está por um fio: sabe-se que há agentes públicos que conspiram para colapsar as instituições democráticas, apoiados em organizações internacionais poderosíssimas. Lembre-se sempre de que o globalismo é uma tendência irreversível: um governo, uma moeda, uma religião.

— O erro dos que pretendem criar um governo universal — asseverou Valente — consiste em supor que, desse modo, resolveriam um problema geral, quando o que conseguiriam, na verdade, seria precisamente o contrário. Roma conquistou o mundo antigo, impôs-lhe seu governo e seu idioma. E o que é que fez com eles o mundo antigo? Fragmentou-os em governos e idiomas diferentes para despi-los de sua universalidade. Está provado que o homem não quer governos universais. Se os quisesse, não teria sacudido o jugo de poderosos conquistadores, nem teria assolado imensos impérios. Não! O homem não quer governos universais, e quando algum que obedece começa a universalizar-se demasiadamente, altera-o rapidamente, seja pacífica, seja violentamente. Precisamente por isso é que eu não creio em globalismo nem em nenhuma das criações filosóficas que se lançaram ultimamente em circulação. Sua adoção seria relativamente fácil se os homens fossem iguais — o que crê a ONU —, mas como realmente não o são, continuam sendo mais convenientes os governos distintos. A tendência humana não é para unificar ou sintetizar os governos, pelo contrário, está suficientemente comprovado que a descentralização política corresponde perfeitamente aos diversos e complexos interesses da humanidade contemporânea.

— A história não obedece nossos sonhos, nem se deixa guiar por nossas utopias — respondeu o leiloeiro. — Quem viver verá!

Nesse mesmo dia, os cinco amigos deixaram Genebra e se dirigiram à Lucerna.

19

A REUNIÃO DOS DONOS DO MUNDO

A primeira impressão que a Suíça produz no turista é a de calma. É como se esse povo, tão pacífico, tivesse criado sua própria atmosfera de paz, uma atmosfera isenta do ácido da beligerância que ainda impregna o ar de outras regiões. Isso é verdade, sobretudo, em Lucerna, onde as pessoas não se afanam para andar nem dirigir; dir-se-ia, antes, que elas planam e deslizam.

O ambiente de Lucerna, com as características apontadas, agiu sobre os cinco cruzados da pátria, que logo começaram a botar os pensamentos em ordem e a traçar a trajetória mais curta para atingir o objetivo comum.

Não eram ainda quatro horas da tarde quando os cinco chegaram ao hotel indicado pelo leiloeiro como sendo o local do conciliábulo dos donos do mundo. Toda a região em volta do hotel estava interditada, de modo que os nossos heróis tiveram que se contentar com uma mesa num restaurante em frente, de onde eles poderiam observar a movimentação. No próprio local obtiveram informações importantes acerca dos hábitos de algumas celebridades hospedadas no hotel. Souberam, por exemplo, que o Húngaro tinha um guarda-costas hindu, que o acompanhava o tempo todo, salvo quando este fazia refeições naquele mesmo restaurante, o que acontecia pelo menos uma vez por dia, à noitinha. Era um homem truculento, enorme e mal-encarado, um verdadeiro cão de guarda do patrão, a quem era extremamente leal e protetor. Havia três dias que o procedimento era o mesmo: o hindu chegava, comia e voltava para o hotel sem dar um pio sequer. De posse dessas informações, Valente teve uma ideia que foi imediatamente aprovada e desenvolvida pelos demais. Tratava-se de um plano simples, mas que tinha grande chance de dar bons resultados.

— Apenas me observem — disse Valente. — Deixem-me agir sozinho. Vou sentar-me àquela mesa em frente e esperar pelo hindu.

Dali a pouco o homem chegou. Apoiou sobre uma cadeira sua massa enorme e permaneceu imóvel e silencioso. Valente estava sentado a apenas meio metro da cadeira do gigante. Ao cabo de alguns momentos de silêncio, Valente sorriu, e dardejando para o indiano o relâmpago de um olhar perscrutador, disse:

— A pedra homicida lançada ao vento já está a ponto de ferir a Terra!

— A pedra ferirá a Terra se Shiva assim o quiser — respondeu o hindu, sem manifestar qualquer sinal de surpresa.

— Shiva não quer que a pedra homicida caia. Por isso enviou-me.

O indiano fez uma expressão terrível e o seu olhar fixou-se no de Valente, como se quisesse penetrar-lhe o espírito. Tinha-se apagado subitamente todo o estigma de imbecilidade e de apatia no seu rosto, dando lugar a um semblante de credulidade e surpresa.

— Oh! — murmurou o indiano com uma entonação impregnada de respeito.

— Se a mão protetora de Shiva não desviar a pedra mortal, um sangue inocente será derramado ainda esta noite.

— Mas então... Possui acaso o enviado os cem olhos de Shiva?

— Sim!

— E o poder de Brahma?

— Também!

— Nesse caso, o branco é Deus?!

— Sou o que quero ser.

— És, porventura, Rajá Kahli?

— Que te importa quem sou eu? Sou, talvez, o nono Avatar, ou mesmo, talvez, o chefe de Kahli. Em todo caso, "nasci há dez mil anos atrás e não há nada neste mundo que eu não saiba demais!". Sei tudo o que se tem passado desde as margens do Weldhu até às do Ganges, desde o Ceilão até o Camboja. Vivi com Timoor Leng e assisti à morte de Ghandi, de quem fui médico. Sustentei durante dez anos o governo de Pitoo, quando seu coração foi transpassado pela seta de um guerreiro do Nizam. E, finalmente, vi-te uma noite — não são passados muitos dias depois disso — em Nova York, em conversa com teu patrão... O vento trouxe aos meus ouvidos as tuas palavras... E Shiva segredou-me o teu pensamento... frequentes vezes invejoso e mal intencionado. Acreditas nas minhas palavras?

— Acredito-as porque traduzem o que se passa no meu coração, senhor! O seu poder tinha previsto a minha chegada, e a dupla vista de Shiva fê-lo reconhecer-me! E, todavia, os meus olhos jamais o viram!

— Enganas-te, filho de Brahma. Tens-me já visto muitas vezes, mas sob formas e aspectos diversos. Acompanhei Wishnu quando se transformou em porco para colocar o mundo no seu lugar, mas tendo-se apaixonado por Rati, e receando que eu o seguisse, transformou-me em pedra. Adoraste uma das minhas encarnações, filho de Brahma, adoraste aquele Aerólito Negro, em face do qual te prostraste humilde e reverente, como de resto todo o povo hindu.

O hindu contemplava Valente com a supersticiosa credulidade da sua gente. Os demais companheiros de Valente pasmavam com aquela bizarra e inusitada cena, enquanto este continuava seu discurso fictício e fabuloso.

— Fui conhecido no mundo com o nome de Mahatma, daquele místico a quem a Índia tanto deve. Fui o General Bohdil, que combateu pela independência da Índia. E, mais tarde, George Harrison foi meu discípulo e protegido... Compreendes, filho de Brahma?

— Compreendo que neste momento me encontro na presença da eterna verdade e da vida infinita... Em presença do mais devotado protetor da Índia, que é sua filha querida. Se a sua eterna sabedoria tem ordens a ditar ao seu escravo, o seu escravo cumpri-las-á rigorosamente...

— Não quero que ignores meus planos. A seu tempo, tudo te revelarei.

— Sim, Luz Imortal! Sabe que eu sempre estive à sua disposição. O filho bem-amado de Shiva protege porventura os brancos, visto que toma a sua forma para se revelar aos filhos do Sol?

— Tomei o corpo e a cor de um europeu porque é na Europa que reside o núcleo do mal que corrói as entranhas da Índia. O meu intento é extirpá-lo pela raiz. Daí a minha preocupação e o meu desejo, que te exorto a satisfazê-lo.

— Diga-me qual é e eu o realizarei — replicou o hindu.

Enquanto isso, na mesa em frente, os quatro reprimiam a gargalhada à custa de um esforço enorme, mas a ponto de se tornar baldio. Não podiam crer nem na credulidade pueril de um, nem na habilidade teatral do outro, que não poupava os mais variados recursos da arte da sedução para ludibriar o pobre indiano.

— É imperioso, se queres salvar a vida de muita gente, inclusive a do teu patrão, que facilites a entrada de cinco filhos de Shiva no local da convenção do *Bilderberg*, hoje à noite. Compreendeste? — perguntou Valente.

— A vontade soberana de Shiva será realizada! Meu patrão chegará às oito da noite na augusta solenidade.

— Muito bem! Shiva nada opõe a que tu encontre seus filhos meia hora depois da chegada do teu patrão. Mas onde?

— Shiva me permita sugerir a porta do hotel para que eu possa introduzir os irmãos sem despertar suspeitas.

— Shiva concorda, e ordena que assim se faça.

Valente abençoou o indiano, despediu-se dele e deixou o restaurante. Os quatro já o esperavam sentados na praça, onde permaneceram por alguns instantes, antes de se dirigirem até uma igreja católica mais próxima. Ali, todos rezaram e entregaram a execução de seu plano à Virgem.

Na hora combinada os cinco chegaram. Aguardava-os o indiano, que os convidou a segui-lo até a porta de acesso ao evento, que estava apenas encostada. Os cinco entraram e se distribuíram na sala de tal modo que não se deixassem perceber como membros de um grupo, senão que a presença de cada um ali deveria responder a uma exigência imposta ou pela segurança ou pela comodidade dos convidados.

Com o que se come nessa ocasião suprema dos globalistas daria para despauperizar o Nordeste. Três mesas das mais variadas comidas eram enormes, pantagruélicas e aristocráticas. Em torno delas não havia mais que amigos. Um pediu ao vizinho uma faca para trinchar o peru; outro, que comeu um pastel, tomou da mulher ao lado um lenço para limpar-se. Todo mundo se tratava por tu. A bebida corria à vontade e sem restrição de qualquer natureza. "É inacreditável!", pensou Malvino. "Quando essa gente tiver chapada é que vai decidir a sorte do Brasil".

Tudo aquilo, porém, não era senão o antepasto. Na hora do jantar, ante os convidados famintos, no lugar das três mesas de petiscos, que foram retiradas, surgiram outras três com pratos quentes, dentre eles a feijoada como prato principal. Era a forma usual de homenagear um povo que, nesse dia, iria perder a sua independência.

Terminado o jantar, os penachos, plumas, arminhos e púrpuras deram à realeza presente toda a teatralidade que ela necessitava. Era o momento da abertura dos trabalhos. Levantou-se o chefe de cerimônia e nomeou os presentes com os respectivos títulos e brasões. Em seguida, foi lida a ata da reunião anterior, quando foi decidida a sorte da Argentina. Alguns minutos depois fez-se total silêncio. Um homem velho, baixo e adiposo, com as feições horríveis e mal-arranjadas, dirigiu-se lentamente para a tribuna. Fez um gesto cortês para todos os presentes e saudou especialmente os banqueiros e seus confrades especuladores. Era o Húngaro que, com sua voz rouca, dava início ao relato de como pretendia derrubar o governo brasileiro e banir a direita, de uma vez por todas, como força eleitoral e política.

— Não creio — disse ele — que o governo brasileiro, a exemplo do norte-americano, possa resistir à devastadora investida do Estado Profundo. Eu vou suscitar conflitos sociais violentos; vou promover protestos, passeatas e manifestações contra quaisquer medidas governamentais; vou patrocinar, por meio da mídia aliada, o assassinato de reputações e a desmoralização da polícia. Enquanto isso, o *Deep State* estará agindo em outras frentes: o Parlamento obstruirá muitas medidas tomadas pelo presidente; o Judiciário, outras vezes, fulmina-las-á na origem; a mídia provocará, mediante maciça desinformação caluniosa, injuriosa e difamatória, o desgaste do chefe do governo e de sua família. E, além de tudo, contamos com a ajuda dos militantes da esquerda, essa massa ignorante e boçal, que nem sequer suspeita que nos presta uma valiosa colaboração.

Malvino, escondido atrás de uma pilastra, esperava o melhor momento para agir. Este, ao seu juízo, seria aquele em que os presentes estariam mais sonolentos ou menos propensos à ação. Sabe-se que os répteis precisam de sol para acelerar o metabolismo e adquirir força. Alguns minutos depois do pronunciamento do Húngaro, Malvino deu o sinal de ataque, oportunidade em que todos os cinco convergiram para o centro da sala, sacando cada um do bolso a sua própria arma. De posse delas, todos começaram a disparar contra a multidão atordoada, que não podia se defender daquele ataque à queima-roupa. O velho Rothschild gritou desesperado:

— É água benta! Safem-se como puder!

Os cinco companheiros não cessavam de salpicar com água benta as cabeças e as roupas dos convidados.

— Protejam-se! Senão morreremos todos! — disse um monarca atarracado.

Uma banqueira famosa, diante da possibilidade concreta de ser atingida na face por um jato de água benta, precipitou-se do *mezzanino*, vindo a cair em cima de um piano de cauda. Aconteceu, também, que um cardeal, transtornado, prometia a excomunhão para os causadores daquela algazarra caso não cessassem os ataques. Aos gritos, agarrou um deles pela camisa e advertiu-o:

— Não se traz para os eventos nem pó de mico, nem água benta, nem traque alemão!

Duas soberanas se recusavam a voltar para a sala enquanto houvesse uma gota de água benta nos frascos; pela mesma razão, o dono da *Microsoft* se negava peremptoriamente a abandonar seu refúgio, arduamente conquistado, numa prateleira do almoxarifado.

Serenados os ânimos, os cinco amigos se evadiram rapidamente, sem que ninguém desse conta de sua fuga. Quanto à reunião, ficou decidido que, face à impossibilidade de sua continuação, outra seria realizada no mês subsequente, com a mesma finalidade. Era o que Malvino desejava: ganhar tempo para que as autoridades brasileiras se inteirassem do perigo e reagissem antes que uma situação perigosa se transformasse em desastre completo.

20

INVADIRAM A MINHA CASA!

Mal havia chegado da Europa, Malvino se deu conta de que seu canal no *YouTube* fora censurado. Seus equipamentos e toda documentação, vídeos e registros concernentes ao seu trabalho tinham sido objeto de busca e apreensão. Apressou-se, então, a improvisar meios para denunciar o que entendia ser uma extrema arbitrariedade. Com o celular, produziu uma *live* destinada a informar a seus seguidores sobre o caráter abusivo da medida judicial expropriadora e de suas consequências nefastas para o jornalismo brasileiro. Disse ele:

— Essa gente não compreende que as redes sociais vieram para ficar... Deter sua marcha representa um esforço inútil e irremediavelmente endereçado ao desvão da história, em que se amontoam, uma sobre a outra, as extravagâncias judiciais perpetradas contra a humanidade.

Nessa altura da *live*, já havia milhares de visualizações. Muitas palavras de apoio, algumas de solidariedade, todas de indignação. Malvino prosseguiu:

— Isso que eu relato a vocês não me surpreende. Há muito tempo eu procuro descobrir por que razão a espécie humana não pode viver em paz, usufruindo os benefícios e bençãos que Deus lhe concede em abundância. Não foi senão há três meses que um monge me deu a resposta que eu ansiosamente bus-cava: a violência, a injustiça, as guerras e as revoluções, assim como as situações caóticas que delas derivam e transtornam as sociedades, não são senão o resultado de uma permanente conspiração luciferiana para inquinar algumas almas do vício da soberba. Essa conspiração se fundamenta no princípio de que "a força prima sobre o direito" e se articula em torno de um dogma fundamental, segundo o qual alguns seres foram criados para mandar, outros para obedecer.

As Sagradas Escrituras explicam como a Sinagoga de Satã surgiu na Terra e como ela trabalha para estorvar o plano de Deus, por intermédio de agentes, como se disse, inquinados do vício da soberba e do egoísmo.

Valente, que acompanhava a *live*, ferido de indignação, quis falar sobre esses agentes satânicos que promovem os conflitos sociais. Malvino deu-lhe a palavra:

— Há homens que, a despeito de viverem trinta, quarenta, cinquenta anos entre pessoas de bem, não conseguem ou não sabem vincular-se ao laço de simpatia que as prende. Antes, sentem-se sempre isolados e veem nos laços sociais uma ameaça a sua independência e individualidade. Esses emissários do inimigo acordam cedo e põem-se a andar pelo mundo à cata de situações que possam demonstrar sua força e superioridade natural. Trata-se de seres supérfluos, que estão demais em todas as partes, tanto nas cidades quanto no campo, tanto na mata virgem quanto no oceano, ali, onde haja um vertebrado ou um invertebrado, um pássaro ou um marisco, uma erva ou uma alga, ali mesmo suscitarão um conflito.

— Temos leis contra a calúnia — continuou Valente. — Temos disposições contra o abuso de direito, temos normas que punem os galanteadores de senhoras, mas quem nos defende dos tiranos? Os políticos não têm interesse em punir o tirano porque todos aspiram a sê-lo no futuro; os juízes não o punem agora porque o são no presente.

Malvino aproveitou o gancho e disparou:

— Afirmo, sem receio de errar, que o jornalista não é escritor político, não é ou não deve ser escritor de partidos. Procura instruir, informando. Não é com o fim de censurar o país que estamos aqui folheando os seus mais vergonhosos anais. Não! Nada esquecemos, nada aumentamos; examinamos uma época como a nossa e pretendemos examiná-la com a verdade que as nossas infatigáveis investigações nos permitem. Sei que muitos acharão um exagero o uso do adjetivo empregado, uma vez que a nossa história registra casos de censura decorrentes de regimes civis e militares. Concede-se. Mas, apesar de serem outros tempos, sem as garantias constitucionais de que dispomos hoje, não hesito em afirmar que o arbítrio que parte do militar se compreende; do político, lamenta-se, mas, do magistrado, é uma abominação jurídica semelhante à blasfêmia na religião.

Os juízes se tornaram celebridades. Frequentam shows, noitadas, dão entrevistas, fazem *lives*, pronunciam-se sobre temas frívolos; onde há luzes e holofotes, em suma, lá está sempre um juiz. Isso é ruim para a atividade jurisdicional e péssimo para o jurisdicionado. Uma boa justiça se presta guardando um distanciamento social. Por outras palavras, a magistratura não pode se envolver na sociedade nem com a sociedade, a não ser nos exatos limites que exija o cumprimento de seus papéis sociais. Do contrário, o juiz estará agindo contra a sociedade.

Alguém disse um dia, com muita originalidade, que os poetas consideravam o ar e o mar como jurisdições exclusivas deles. Acrescentou, ainda, que os poetas eram os eternos habitantes desses espaços impossíveis. Ademais, enquanto eles habitavam exclusivamente o mar e o ar, nenhum progresso se verificou nessas regiões. Na verdade, todos os progressos da humanidade se realizam anulando a poesia e expulsando os poetas. Não se chegou a conquistar o mar senão quando ele foi libertado do domínio da poesia para sujeitá-lo ao domínio do comércio, e não se conquistou completamente o ar enquanto não se desalojou daí a poesia para dar lugar ao avião.

Outro tanto deve dizer-se em relação aos juízes e ao Judiciário. Sua força e respeitabilidade residem no seu anonimato. Sua presença constante no curso da vida social é sinal ou de desordem na sociedade ou de ativismo judicial. O protagonismo social do Judiciário indica que as demais instituições não funcionam ou que não se deixam funcionar, em razão da hipertrofia de um poder que digere pantagruelicamente qualquer matéria, expondo, com isso, à inanição, os demais organismos institucionais, criados com objeto e competência determinados constitucionalmente.

Ao final da *live*, já havia mais de quatrocentas mil visualizações.